池本 光博

イレギュラー教員と言われて

渓水社

まえがき

昭和四十年四月、北海道の教員から出発し、ついに広島で退職を迎えることになりました。最後の勤務校では、教員をはじめ、保護者の皆さんや地元の多くの方々から、物心両面から絶大な支援を戴きました。心より感謝申し上げます。

教員生活の間、いろんな子どもたち・保護者・教員・地域の方々など、多くの出会いがあり、救いがあり、それらを宝物と思っています。

若い頃の勇み足や理に適わぬことへの反発などについて、多くの先輩から指導や助言やお叱りを受けて、現在の自分が存在していると有り難く思っています。

先輩の先生から学びとろうとする意欲と負けん気は、強い方でありましたので、納得できるまで、場合によっては口論になるまで、喰い下がったこともしばしばありました。

そんなときに、先輩諸氏は「思う存分に、子どもたちのことを基本に据えてやったらいい。語りかけも、叱ることも、授業も、その他の行動も……。子どもたちが卒業後に、そのことが正しかったか否かは証明してくれるから……気をぬかないで！」と言われたことを、昨日のことのように思いつつ、四十年近くが経過したことになります。

一日が終わると、できなかったことが山積している自分に、はがゆい思いをし、「明日こそは！」と言い聞かせることの繰り返しでもありました。

子どもたちにとって、小学校・中学校・高等学校のそれぞれの在学期間と内容が、総合的な生きる力を備える大切な時期であることと、その力が社会を担うことに直結しているといつも思いつつ、子どもたちに接し、助けられもして、今日に至ることができました。

全日制高等学校普通科・総合学科・定時制・分校・養護学校・僻地の中学校・教育行政勤務を通して、くりかえし自問自答をしてきました。

教員生活の終着駅に近くなった頃、どうしても悔いが残り、忘れることができない子どもたちのことなどを、想起する日々もありました。

それと並行して、教育現場でのいろんな経験とそれから派生する複雑な思いなどに照らしながら、教員生活を回顧するようになっていきました。

その多くは、独断的で、とりとめもない繰り言になるであろうと思いつつ、記述してみることにしました。

教員生活は、正直どうであったのかについて、羅列的ではありますが「感謝したこと・助けられたこと・悔いたこと・怒ったこと・主張したこと・できなかったこと・期待したこと……」などへ思いを巡らせてみました。
「子どもたちにとって、学校が、本来の機能を果たすことができる状況を、一日でも早く実現させて欲しい！」と願っております。

著　者

目次

イレギュラー教員と言われて

I　えかったよのお！　せんせいで！

「瀬戸内育ちが、初任地北海道の教員に！
その経験を胸に、故郷の教員で終演・退職」

一　どうして、北海道なんじゃあ？

最初に、広島県生まれの広島県育ちの人間が、高校球児の野球願望から変心して教員志望になり、なにゆえ北海道採用試験に挑戦し、赴任して行ったのか。そして、どうして採用試験を受け直し、広島県で教員生活を終えることになったのかについて、生い立ちの記憶をたどりつつ、ごく簡単に記述してみようと思います。

時世であったというものの、貧乏がとっても嫌でした。六人姉弟（実際は七人であったが生後間もなく弟死去）の五番目で次男の自分は、物心がついて以来、敗戦が貧乏の大きな原因と思っていました。

父親は養子で剣道六段（錬士）で陸上国体選手候補に上がるなど、スポーツマンであったようです。国体選手候補については、次男だという理由で費用を捻出してもらえず不参加になったそうで、そのときの悔しさを折あるごとに口にしていたようです。

小さな集落の中で、父は働かずの「ノーズイ」という評判にさらされていて、小学校の頃より私の耳にも入ってくるようになっていました。

私は、父が怖かったが、一目も二目も置いていたように思います。どこか憎めない人物でした。内地騎兵で終戦を迎え、社会のどさくさの中で仕事がうまく見つからず、ふと寂しそうな横顔を見せることがありました。本人が一番心労をしていたはずです。

戦時中、サイドカー付きハーレイに乗っていたなどという噂が悪評判になり、「ノーズイ」のレッテルが貼られたようです。ハーレイで砂利道をぶっ飛ばしていたことは、アルバム写真でわかります。そのことに触れると、母は悲しそうな表情でうなずきます。

母は小学校教員で、袴で自転車通勤をしていたそうです。月給が十五円か二十円という時代でした。当時はハイカラ先生と思われていたようです。あの不器用な母が自転車に乗っていたなど想像もできなかったのですが、必要が母に自転車に乗る力を生じさせていたのでしょう。

長男（年齢一つ違いで二学年違い）の誕生で、家庭がどうしても円滑に機能しなくなり退職したとのことでした。貧乏の最中、子ども七人のお産をし、まじめできっちり型の教員生活を継続はできなかったとのことです。

次男の私と長男とでは子育てについて、何かと差異がありました。母は「仕方がなかったんよ」と認めてほしい言葉つきでした。私が北海道の教員を辞めて、改めて広島で教員になり、結婚して孫ができ、同居していた時期のことです。とても嬉しそうな表情で孫の相手をしていました。終焉にさしかかった母にとって、人生の最良の時だったかも知れないと思っています。

私のよく判らない記憶というか、憧れというか、ずっと心の片隅に気にかかっていたことがありました。「母に抱かれた記憶が欠落している」ということでした。そのことについて母の答えは「本当に無かったかも……二番目の姉が代行していたから」というものでした。

そんな母から、教育の意義や、若くして戦地に散った教え子たちへの罪の念や責任などについて、母の体験を通して聞かされた機会は結構多くあったように思います。

卒業生が迎えてくれる送迎付きのクラス会や同窓会について話す時の母の表情が一番光っていました。

――〇〇君はいつも鼻を垂らし、国防服の下には何も着ていなかったけれど、学校は大好きで休むことはなかった。

――〇〇さんは小学校一年生で、弟や妹の世話をはじめ、家事一切をこなしていた頑張り屋さんだった。

――〇〇君は勉強は不得意で、授業中は実におとなしく可哀想なくらいだったが、遊び時間や運動会などでは子どもたちのヒーローだった。

母は学校の仕事と家事の多忙のあまり、眠りつつ授業をしていたこともあり、子どもの一人が、そっと耳元で教えてくれることもあったとか……。

そんな述懐をする時の母は光り、教えられるものが多くありました。それらが後の私の教員生活のどこかに繋がっていたのかも知れないと最近思います。

その他の私の育った環境について少々記憶をたどってみますと、今思えば些細なことが、人間形成の上で大なり小なり影響を及ぼしていたことがわかります。私の場合は「それらがプラスに作用したのかなあ」と思うのです。


成長の過程で何かにつけて比較され、私の心の中には僻み根性がいつの間にか居座ることになったであろう二学年違いの兄は、昭和十六年生まれでした。長年心臓弁膜症であると誰しもが思い込んでいて、当時の医者のその診断が疑われもしなかったのです。教員になってからの健康診断で正常と診断されたのでした。

上三人の女のあと久々に誕生した長男であり、心臓弁膜症であり、次男と比較すれば顔立ちも、性格もいいし――などなどの理由で、かなり大切な扱いを受けたようです。

特に教員であった長女の入れ込みは大きく、兄の中学校入学に際して、チェロを買い与え、レッスンへ通わせたのでした。

心臓疾患であることを考慮して、音楽の道を選択させたのです。一歳違いの弟とことごとく比較し、希望の星の長男だったようです。

放任状態の私は、中学校頃から、かなりな僻み根性を意図的にも抱くようになったと記憶しています。悪童を演じて校舎内を下駄で歩いたり自転車で走ったりして先生を挑発したのもこの時期でした。

そんな中学校時代に、一つだけはっきり意識していたことがありました。貧乏は嫌だけれど、苦労する母の姿は誇りに思っていたのです。

少しでも早く、貧乏という苦労から、母を楽にして……と心に言い聞かせていたので、高等学校卒業後は就職するという考えで野球部に入りました。

ちょうど地元自動車企業の全盛期でした。その職場に勤めることは誉れでもあるように思われていました。ところが偶然、近所の人から、その職場の仕事内容や状況について聴く機会がありました。

その話の内容から、「人間が機械の一部分に組み込まれている」という思いから抜け出ることができなかったのです。「通勤時間もかかるし、残業もあるし、一生のことだから、考えた方がいいよ」の一言もありました。

　一方で高収入には魅力を感じていました。自分の人生について、最大級に悩みに悩んだのです。兄は大学生活を謳歌しているように見えましたし、それに対して次男の自分は……と落ち込んだりもしました。

「自分も大学に行きたい！」と正直な思いを、母に伝えたのです。「次男だから大学を諦めんさいとはよう言わんし……。経費のかからん国立だったら……。浪人は無理じゃし……。仕送りはできんし……。受けるだけは受けてみんさい……」との言葉が返ってきたのです。

　高校二年の八月、大学進学の方向へと決心をし、野球部を退部しました。しかし、いざ進学と言っても具体性がないのです。担任（三年間同じ）に相談したら「兄貴も行っているので、同じ大学の同じ科を受けてみたら……」ということでした。兄は音楽科でした。

　音楽は好きではあったものの、大学受験してまで行くとは思ってもいませんでした。その方面に進む者は、何か違った人間のように思っていたのです。

　野球で真っ黒に日焼けしただけで、それなりの専門の勉強もしたことの無い奴が……合格の可能性は……ほとんど無理……などと、随分悩みました。

　担任の「専攻音楽実技と五教科七科目の合計点で合否が決められるらしいよ。頑張ってみたら」の言葉に押され「駄目で元々……」の結論に達し、挑戦することとなりました。

専攻の楽器をトランペットと決め、楽器店へ購入に行きました。あいにく、品切れでした。陳列ケースのフルートに眼が移り、これを購入することにしました。

兄のチェロの先生の紹介で、広島ＦＫのＴ先生の指導を受けることになりました。楽器の持ち方からの指導でしたので、先生もウンザリされるのではと心配でした。

ところが、「あなたも貧乏、私も貧乏。レッスン料は要りません」と言われたのです。世の中にこんな音楽の先生もいるの？とびっくりし、感激しました。

北海道の教員になり、広島の教員になり、二十七歳で結婚しましたが、迷うことなく仲人をお願いに行きました。

残された高校生活は、大学合格の為だけの必要教科の学習と楽器練習を反復しました。左手の人さし指の当たる楽器の部分が、摩擦で穴が開いたりもしました。なにせ合金にメッキがしてあった七千円の楽器でしたから、仕方なかったのかもしれません。

経済的理由で授業料の安い（年間九千円）国立大学を、しかも、現役合格以外なしの唯一のチャンスでしたから、とにかく必死でした。結果、兄と同じ大学の同じ学部に合格となりました。

結論から言って、大学四年間で教わったことは、オーケストラ、指揮法など、Ｈ教授一人から学んだこと以外は、ほとんど無かったという気がします。自分の努力以外にはなし、だったのです。

私が大学二年の時に兄は四年生でした。下宿は別々としたのですが、兄が友人と二人で下宿に寄っては、洗濯物を着替えるなどして、憤慨させられたこともありました。

そんな兄は、意図的に四年生を留年、また一年の付き合いをするのかと覚悟をした記憶があります。卒業後兄は、他県の教員として採用されました。

私は、大した意図は無かったのですが、鹿児島県と北海道の採用試験を受けました。無意識の中にも、育った環境での僻みと、兄への対抗意識が働いていたのかも知れません。行ったことも無い北海道行きに決定しました。しかし、両親の将来を思いやっている親孝行な弟などという、周りの思い入れに負け、後に広島県の採用試験に再挑戦し、広島県の教員で終わることとなりました。

兄は歳若く教頭になり校長になりました。一方私は、問題外の、期待外れの教員という評価を、姉たちからされていました。

そんな私でしたが、いろんな出合いがあり、推薦され、抜てきされ教頭になり、校長（高校で教科が音楽の校長は県内第一号とのことでした）で退職を迎えることができました。

退職の翌日から、高等学校所在地の地域住民からエールがあり、その市の教育長に就任となりました。そんなことを知らずに他界した母に報告したいという思いに駆られます。いつも心の奥底で、何かと大きな差異の中で育った私の行く末を、心配してくれていたし、父親に似て、遊び人のような不真面目人間に陥ることを恐れていたらしいのです。

痩せ細って九十歳で亡くなる直前まで「一生懸命、子どもたちのために働いちょるんか？」の言葉をかけられたことが昨日のことのように思えます。

二　新任地「北海道立足寄高等学校」への出発

高等学校所在地足寄の知識は皆無でしたが、赴任することに決めてから地図で位置を確認し交通手段を大まかに考えた程度で、同じ日本、どうにかなる、くらいの考えでした。今でこそ、シンガーソングライターのMさんや国会議員のSさんの出身地で有名になっているのです。

大学チューターのI教授が卒業お別れ会で、「県内でも北海道に行くと同じくらい時間のかかる地域もあることだし、フロンティア精神で北海道へ赴任することは意義あることだよ！」と言われた言葉を思い出しています。

実際赴任してみると、貧乏な新米教員にとって「当時の北海道は遠かったなあー」という感想ですが、それだけにいろんな人との出会いや多くの思い出もできました。それらが後々の私の教員生活にとって、掛け替えのない宝になり、エネルギーになりました。

三月二十五日大学卒業式、そして二十八日足寄へ向け当時の国鉄呉線の安登駅を出発し、見送ってくれる友人と広島で昼食を済ませ、山陽本線に乗りました。

苦労に苦労をし、痩せこけた母と、いつも強がって見せ本音は優しい父の二人が、安登駅で見送ってくれました。私も次男のひがみ根性から平静さを装っていましたが、母の顔も父の顔も見られなくて視線をそらしていました。

列車が動き出し、デッキから、ちろっとホームの両親へ視線を移しました。何故か嬉しいはずの出発なのに、母は泣いていました。列車に乗車する前に、そっと紙に包んだお金を手渡し「病気せんようにね」と言ってくれた母に「ありがとう」とも言えませんでした。いい年齢をして照れがあり、つまらない格好づけをした素直でない自分を悔いつつ、乗客の居ない座席で、見慣れた瀬戸内の景色も見えなくなるほどの大粒の涙を流しながら、故郷の駅を後にしたことになります。その時の自分の不甲斐無さなど、一部始終の記憶が鮮明に残っています。

私が五十歳になった頃の母との会話は「忘れもせんよねー。覚えとるよねー」でした。「何年かしたら広島に帰ってくるじゃろー」とも思っていたとのことでした。結果的にはそうなり、母の我が子に対する予感というか、思いというか、その凄さに驚きもしました。

それでは、生まれ故郷から北海道に向けて出発したその後について、記憶をたどりつつ記述してみようと思います。

確か京都駅発二十時だったと思います。その名も急行「日本海」で、米原から舞鶴に出て、日本海側を北上するのでした。その時間の長いのなんのって、それまでの二十二年の人生で経験のない長時間の列車の旅でした。

しかも残雪のためか途中での長い臨時停車など、広島近辺では考えられないようなことも初体験でした。そんな停車時間には、パンパンに張った足や固まったような身体を解すために、寒いホームに出て屈伸運動などしたりしました。

夜に京都駅を出発し、乗車中にまた夜になりました。青森駅に到着したのは二日目の深夜でした。零時近くの出港まで時間は充分あったように思いますが、青函連絡船に続く長いホームを、どうしてなのか多くの客が走るか急ぎ足になるのでした。私もつられて早足で乗船口までたどり着きました。

ホームは凍っているので注意深く歩を進めないと、スッテンコロリンになるのです。何人もの方がそうでしたし、私も転びはしないものの、とても妙な歩き方をしていたと思います。

青函連絡船の所要時間は、確か四時間半くらいと思いますが、冬季や春先などに遅れることはごく自然のように乗船客は思っているようでした。

二等の船室は、マットが敷かれた無数のマス状のものでした。そこに横たわって到着まで睡眠をとることになるのです。レストランや喫茶や売店など営業されるようでしたが、その船便の時刻は、津軽海峡が相当荒れているため、閉鎖されていました。レストランが閉鎖されていると、船が相当揺れることが判りました。ものが机上に載っていることができないということでした。

船が大きいと、その揺れも前後左右に、想像もしたことのないように凄いもので、怖いとすら感じて、眠ることができないまま函館港に入ったのです。着岸三十分前頃に、船内に音楽が流れるのでした。「グリーク作曲・ペールギュント組曲の朝の部分」でした。生涯で二度とないであろうと思えるほどの、爽やかな聴こえ方でした。

案の定、本州から北海道へ初体験の私が乗船した「十和田丸」（だったように思います）も遅れて函館着になる旨の船内放送がありました。遅れたら函館発の特急に乗り遅れることが心配でした。

函館港に着き下船すると、青森駅と同じように長いホームでした。違って見えたのは、大きな荷物を背負い、両手にも一杯の荷物を持った女性客の多いことでした。今度は列車に遅れたら大変との思いで、一生懸命に急ぎました。やっとの思いで指定列車に乗車し、息切れと、吹き出た汗の治まるのを待ちました。

隣の席の自称どさん子という札幌の方が「下船のお客が乗車するまで列車は待ってい る」と言われました。なる程と妙に納得したものでしたが、普通に考えれば、当然過ぎる程に当然のことでした。

そのどさん子の方から「荷物を一杯背負ったり持ったりの女性客は、青森と函館の産物を往復行商する方」だと教えられました。実に無駄のない効率的な動きは、生活のためとは言え、「さすがだなあー」と改めて感動したものです。

函館駅を発車し、だんだんと明るくなる景色。一面の雪景色。この景色は足寄駅に着くまで続き、広島辺りのような緑の風景を目にすることはありませんでした。

大沼公園駅や駒ヶ岳に、「凄い自然だなあー」と感じ入りました。札幌を過ぎ、石炭の街「美唄」を通過し、蒸気機関車を追加接続して、今にも雪崩が起きそうな急勾配を列車はあえぎながら登って行きました。

北海道の列車では、駅ごとの到着時刻だけでなく、ここぞと誇れる大自然について車掌さんが「ただ今通過していますのは、雄大な狩勝峠です」などと、車内放送をするのでした。決して巧い放送とは言えませんでした。列車は峠から下りにさしかかっているのに、まだ登っているかのような案内でした。

北海道の屋根と言われる大雪山から続く広大な十勝の平原に「さすが北海道！」と、二分もかからない放送に感激し、ある種の不安を抱きつつ、車窓から峠を眺めた記憶があります。

走行中の騒音と放送機器の不具合なのか、ところどころしか聞き取れないアナウンスでした。

池田駅で下車し、池北線の列車に乗換える予定でした。しかし次の列車は一時間半近くありませんでした。改札口からストーヴの設置された待合室を通過し、駅舎の外に出ると駅前は閑散とし、タクシーが一台だけ停まっていました。

気短の性格と広島育ちの地理感覚で、列車の待ち時間に我慢できず、タクシーで足寄まで行こうと思い立ちました。その結果、広島県呉線の安登駅から足寄駅までの一千九百二十円の乗車券が今も手元に色あせて残ることになったのです。

乗車したタクシーの運転手さんとの会話などについて、少し記憶をたどってみます。

「どこさ行くべか？　内地の出だべや。内地のどこだべさ？　何さしにきたべさ？……」と運転手さんの方から問いかけられました。鏡越しに人なつっこい表情が見えました。

広島から足寄まで行くこと、高等学校の教員としての赴任であること、北海道は生まれて初めてであること、などを告げました。

道路はほとんど舗装されておらず、凍結がやっと溶けたとのことで、あちこちでヘコミがありました。運転手さんは「ゴムの上を走っているような思いになることもある」とか「足寄町は日本一広い町で香川県よりも広い」とか説明してくれました。

タクシーの窓からは、一面の黒っぽい畑と陽当たりの悪い山裾などの残雪が見えるだけでした。何か不思議な景色に思えました。緑の色彩が乏しいことに気が付き、北の大地の厳しい冬を予感したりしました。

運転手さんに「まだまだですか？」と何度尋ねたことか。広島や呉の感覚からすると、かなり長時間乗っているようで料金メーターも気掛かりでした。

運転手さんから「後半分くらいだべや。そのうち着くべさ。足寄のどこさ行くべか？」の言葉。運転手さんは、私の広島なまりが珍しく、私は運転手さんのなまりが珍しかったのです。

複雑な思いが交錯する中で「取敢えず足寄駅まで……」と言ったことを昨日のことのように記憶しています。「うんだども、来る気さなったもんだべさ」と不思議がられたようでした。

「足寄はさあー。日本一広いだども、人っこは二万くらいだべや。アメっ子なめるべし」と運転手さん。「ありがとう」とお礼を言うと「あっ、そうかい」の言葉。少し判ったことに、何かを話したり、説明する時に「○○はさあー」となり、うなずく時に「あっ、そうかい」とか「うんだ。うんだ」になることがありました。

五十代と思える運転手さんのいろんな話を伺いながら、およそ五十分くらい経過して、足寄駅に着きました。メーター料金は八千四百円を示していました。「四百円はなしだべや」（サービスしておくの意）と運転手さん。

私の教員の初任給は確か一万六千八百円だったように思います。故郷の安登駅のホームでそっと手渡してくれた母からのお金で支払いました。経済観念欠落の、とてつもなく大それたことをしたと、今でも悔やまれます。

何度も運転席で、にこにこと頭を下げて足寄駅から帰路につかれた運転手さんの素朴な表情を思い出します。

昭和四十年三月三十日、午後三時頃、日本一広い町、足寄への第一歩でした。駅舎は平屋建で上下線の立派な陸橋があり、三人程度の駅員さんが見え、売店のない待合室にはストーヴが設置されていました。

駅前には阿寒湖方面への広い道路が一直線に延びていました。タクシーは見えず、バスも見えませんでした。観光バスの多くは足寄町内の別ルートで通過し、定期バスが駅前経由だったようです。

駅前の少し傾斜した広々とした町の景色を見ていて、妙な気分になっていることに気が付きました。家並みの屋根のまばらな色彩と緑が見当らないことで、落ち着かない思いだったのです。

極寒（しばれる）の冬の影響で、木々の芽吹きはまだ先でした。屋根のまばらな色彩は、冬季に滑り落ちる雪がペンキなどを剥がしていったものでした。これらのことは一年目の冬に身をもって経験することになるのです。

角のタバコ屋のおばさんに尋ねたら、右に曲がって百メートルほど先の右のお宅、と教えられました。徒歩で数分くらいのところに下宿のTさん宅が見つかりました。下宿先の長女さんと高校三年生のW君が笑顔で迎えてくれました。

「まんず、はるばる来たもんだべさ」といった長女さんの言葉が、つい昨日のことのように思われます。

また、母から、依頼の手紙が届いたこと。その内容に、気の優しいことと合わせて、気短かな性格のことなど、母から見て不安なことが記述してあったとのことでした。

ともあれ、何かほっとする雰囲気の下宿のように直感したのでした。陸別町から来ている下宿生のW君が、広島から荷物が届いていること、部屋に上げてあること、明日の夕方、美唄から東京のW大学卒業のS先生も着くこと、下宿は一緒であること、などを楽しそうに話してくれました。

彼は卒業後、京都の私立大学へ進学し、卒業して故郷で家業を継いでいるとのことですが、四十一年間会っていません。お父さんが存命なら、昭和四十年の夏と秋に自家用車で道東の観光地を案内して頂いたお礼を伝えたいと思うのです。

二階の四間続きの一部屋で、広島から届いた荷物を解きつつ、打ち直した綿で新調したような二組の布団や毛布、寝巻き、どてら、シャツや下着等々、母の気遣いに目頭が熱くなり、手が止まりました。

四十年前のことが昨日のことのように甦ってくる不思議さを感じますが、年齢相応に回顧趣味になっているのかも知れません。

教員生活最初の、しかも未知の大地北海道にまつわる希望、不安、決意などが、自分の人生の中で最大級のものであったからかも知れません。

夕方、S先生が到着され、下宿のご夫婦も経営されるスーパーマーケットから帰宅され、下宿のオールキャストでの和やかな夕食となりました。

そこで耳にすることは、所々方言まじりで、理解しづらい部分もありましたが、新鮮そのものでした。初対面の下宿の方々ではありましたが、T宅の一員として、ごく自然に受け入れていただいた思いで、安心しました。

街で「広島から高校に先生が来る」ことや、「小学校にも山口県から新卒の先生が赴任する」ことが話題になっていたことなども、食事の最中に出ました。

余談ですが、赴任された小学校の先生は、夏休暇中に山口に帰省され、休暇明けになっても小学校には復帰されることなく、退職届けが届いたとのことでした。小学校の先生方が荷造りをし、実家に送られたことも噂になっていました。「極寒の冬でもないのにどうしたのかなあー」と感じました。

足寄高校に赴任したS先生は、結婚を理由に東京へ、私は北海道の僻地校勤務を希望して奥尻中学校へと、いずれも一年しか勤務しなかったのです。この奥尻中学校赴任については、後述しようと思います。

二学期頃になると、子どもたちの「○○先生、○○は○○だべや」などの問いかけや話し掛けに、「うんだ。うんだ。そうだべや」と応答している自分に気が付き苦笑いもしました。

「北海道へは、東北地方の青森、秋田、山形、新潟辺りから、一攫千金の希望を抱いて渡った人の割合が高いのだ」と下宿の主人の説明でした。

その一方で、「○○だべや」「うんだ。うんだ」とか「あっ。そうかい」など女子高校生が使用していることには、まだまだ違和感がありました。

自分の広島弁「○○はそうじゃろうがあー」とか「○○なんか、わしゃあー、言うちょらん」など、地元の子どもたちや下宿の人たちにとっては、さぞかし奇異なものであったろうにと、身勝手な自分を反省しています。

次に、初日から家族の一員のように、ごく自然に受け入れて下さった下宿のことについて、少し記述してみることにします。

三　下宿の思い出

働き者の五十代の夫婦は、内地（山形）から足寄に居を構えて二代目になるとのことでした。屠殺場を所有して食肉に特色のあるスーパーマーケットを経営され、日々賑わいを呈していました。今思えば、夕食のおかずに、肉系統が多かったのもその影響かも知れません。

雪が溶け、これから温まる五月のある日曜日の朝、大型トラックが下宿の前に止まり、長さ四、五十センチで太さ二十センチ大の丸太を降ろし始めました。冬の暖房用に薪割をするものでした。

それからの土曜日の午後や日曜日には、素人であろうが関係なく薪割作業と家の周囲への薪積み作業が続くことになるのでした。初体験ということもあって興味本意で、一発の斧で上手く割れた時など壮快な気分でした。

ところが、一冬（約半年）分の暖房用の薪ですから膨大な量で、だんだん気分も塞ぐ思いになってくるのでした。北の大地での生活の厳しさのごく一部に触れたことになりました。

ちなみに、部屋で使用するストーヴの名称は、なぜか「ルンペンストーヴ」でした。子どもたちや地域の方たちの会話に「ルンペン、ルンペン」が飛び出して不思議に思っていましたが、やっとストーヴの名称と判明したのです。冬の学校のストーヴもルンペンで違った形のものが設置されていました。

最初に火をつけるのに、白樺の木の皮が使用されていました。油分が多く、マッチ一本で簡単に燃えだすとのことでした。

「北海道では随分と白樺の皮が必要なのだなあー」と、何かロマンチックな気分で白樺の木のことを考えたりしていました。

そのストーヴの上でいろいろな物が煮られることも「生活の知恵なんだなあー」と感心しました。冬のある夕方下宿に帰って戸を開けると、ついぞ嗅いだことのないような匂いが鼻をつきました。「思った通りだべや!」と、私の表情を見ながら、下宿のお姉さんが笑っていました。

開拓集落の農耕馬が足を骨折し、屠殺場で肉にしたのだそうです。馬は足を骨折すると苦しんで命絶えるそうで、苦しむことから少しでも早く解放してやるのだそうです。屠殺場を所有されているので、「そんなこともあるのかなあー」と思いました。

ルンペンストーヴの上の大きな鍋の中で、その馬肉を煮る匂いでした。煮始めてしばらくは泡が出るので、それを丁寧にすくいとり、味付けをするのです。

下宿の主人が「日本酒を一杯やりながら、喰ったらうめえーべさ。先生さも喰うべし！しばれる時には温まるべさ！」と満面の笑みを浮かべて言われたのを記憶しています。

箸をつけようとしましたが、骨折した馬の姿と屠殺場へ運ばれ命絶える馬の姿など、勝手に光景を思い浮かべ、食べることはできませんでした。

肉にされるためにトラックに積み込まれる牛は、悲しそうな鳴き声を発し、必死で抵抗するらしいなどという話は聞いたことはありましたが、ある日、屠殺場のことで、なんとも言えない気分になったことがありました。

下宿の主人が「先生さの人生でよ、とてつもなく大きな勉強になるべさ！」と、屠殺場の見学を勧められたのです。町外れの利別川向こうの屠殺場に行きました。だんだんと近づいて来るトラックの荷台から、それは悲しい牛の鳴き声が聞こえるのでした。到着したトラックから下ろされるとき、ギョロ目を剥き、悲痛な叫び声を発し、あらん限りの力で抵抗するのです。

力ずくで下ろされた牛は、足を固定され……滑車で後ろ足から吊り上げられ……非常に怖いものを目前にしていて、普通の状況では居れませんでした。眼をそらし、耳を塞ぎ、「来るんではなかったのに……」と後悔をしながら、涙していたのです。

主人の真剣な表情と、腹の底から発せられる「先生さ！　よく見とくべさ！　勉強だべさ！」の言葉が忘れられません。

下宿の主人は、普段は笑顔のとても素敵な、柔和な「とっつあん」タイプでしたが、あの時の全身から伝わるものこそが、まさしくプロ魂なのだろうと思いました。

僅か一時間足らずの見聞で、とてつもなく大きくて、数え切れない凝縮された「生と死と無常」について考えることを突き付けられた思いでした。

煮物の匂いに話をもどします。

冬季の教室でのことでした。二時間目頃になると、ストーヴの周りに弁当で積み木の山ができます。昼食時に向けて温めるのです。時間の経過と共に、いろんな匂いがしてきます。

ニンニクの数倍もの匂いの発生に、「ありゃあー、なんの匂いなんじゃろうかのおー」と子どもに尋ねると、「アイヌネギだべさ。うんだ。うんだ」と笑って答えるのです。冬季には安価で、身体の芯から温まるのだそうです。スキヤキ風煮込みが一般的調理のようでした。

人間の嗅覚は結構鈍感で、やがて気にならなくなるようですが、次のような場合には、やはり戸惑ってしまうのでした。

放課後の吹奏楽練習の際、サキソフォーン担当の子どもの指導に入ったのですが、アイヌネギの匂いが強くするのです。少し気を遣いながら「昼の弁当で食べたじゃろう……」と言うと、にこっとしながら、一言「うんだ！」が返ってくるのでした。その表情に「うん……北海道だよね」とほっとしたことでした。

下宿の構成員に話を戻します。

母親は、かなりの体重があり、負担が足にかかったようです。夕食後や風呂上がりには、子どもたちが交互に肩や足を揉んであげるなど、結構親思いでした。

下宿の長女（下宿人三人は、お姉さんと呼んでいました）が、五人分（高校生長男と次女と三人の下宿人）の弁当を毎朝用意してくれるのでした。「大変なことをして貰っていたんだなあー」と、家事一切をやりこなすお姉さんの姿を思い返しています。

テレビドラマに出てきそうな、家事一切を両親や兄弟からも安心して任せられた、あったか味のある頼れるお姉さんのイメージでした（余談ですが年齢は三十歳前後であったかと……)。

その長女を中心に、気さくな働き者の両親の後姿を見て成長したであろう、明るく人なつっこい長男と次女の五人家族と三人の下宿人で、育った地域や環境も異なっていたことを忘れさせるような、ずっと以前からの知り合い以上の関係にあったような日々でした。夕食時にも好き勝手な、自由奔放な話が飛び交い、笑いの中で時間が過ぎました。三食付で月八千円の下宿代でした。

勤務から下宿に帰って外戸を開けると、中のコンクリートのたたきに、無造作に牛の生首が置かれていて仰天したことがありました。屠殺場から主人が持ち帰ったものでした。使用目的があってのことだったようですが、三日間そのままでした。

下宿の家族は何等気にも留めていないようでしたが、下宿に帰る度に、置かれていた場所の確認をする、おっかなびっくりの自分でした。

冬季になって気温が氷点下に下がる期間は、家の風呂は倉庫代わりとなるのでした。全員銭湯(「朝日湯」だった?)に行くことになるのでした。広島辺りでは斜陽とも言われ、倒産や閉鎖の状況にあった時期だと思われますが、実に活気に溢れた北海道の社交場のように見えました。

銭湯で洗髪し、徒歩三分で下宿に帰るのですが、頭髪がゴワゴワになって指が髪の間に入らず、頭がロックされたような感じになりました。居間の燃え盛るルンペンストーヴのそばに居ると水滴がボトボトとしたたります。帰りの数分間で湿った頭髪が凍り、それが溶けたのでした。

銭湯が、近隣住民の楽しい社交場でもあったと思われる事例を少し書いてみます。

銭湯のお客さんの間では、広島出身の私に興味津々だったとのことでした。隣に座った入浴客のおじさんが、私の背中を無断で急に擦りはじめるのでした。びっくりしましたが、どうしてなのかわからず「有難うございます」と言うのが精一杯でした。

下宿でそのことを言うと、「びっくりしたべや！」と全員大声で笑いました。銭湯のエチケットなのだそうで、背中を擦ってもらったら、相手の背中を擦り返すのだそうです。知らなくて失礼をしたのでした。

二日後の銭湯で、そのおじさんに会うことができ、失礼を詫びました。笑いつつ「おら方のじいさんは、広島の奥の出身だべや。広島から来た先生さ、楽しみにしてたべや。おら方に飯さ喰いに来るべし！」と言われたのでした。

下宿に帰って相談すると「楽しみにしてるさ！　行くべし！」と全員の言葉がありまし

たが、厚かまし過ぎる思いが勝って、訪問をしないまま足寄を去ったことになり、申し訳ない思いです。

銭湯で隣に座った初対面の方の背中を擦り合いながら、畑仕事中にクマと格闘した自慢話を聞くこともありました。背中じゅう傷だらけでした。その熊の毛皮は、その方の家の玄関に貼ってあるということでした。

広島育ちの私にとって、冬季の生活の総てが初体験でした。銭湯からタオルをぶらさげて三分で下宿に着くと、凍って板のように立つのでした。

無風状態の夜の積雪で、びっくりしたことがあります。銭湯に入っている三、四十分の間に、四十センチほどの積雪になっていて、一瞬どこに向かったらよいのか迷ったものでした。

反対に強風の夜の降雪は、気温が低いこともあって、さらさらの雪質で、すべてが飛ばされてしまいます。風下の民家などは、吹き溜りで埋まってしまうのだそうです。樹木で囲んだり、防護柵を設置したりされるとのことでした。

「外の鉄は素手で絶対に持たないこと（手がひっついて外れなくなる！）」や「おにいちゃんは、冬に耳が凍傷になるかも……（冗談の脅かしだったようです）」などと言われ、少なからず恐れていました。

「冷蔵庫の中が温まる」ことも極寒の時期には事実でした。自宅の風呂の湯を最後に抜き忘れると、翌朝には氷となり、浴槽など破壊されてしまいます。

下宿のお姉さんが、夕食準備の際に、積もった雪をスコップで掘り、白菜を取り出すのでした。雪の中は、野菜など食料の適当な保存庫でした。

寒さについて、次のようなことも体験しました。下宿では睡眠時に、ストーヴの火は消されます。しばれる極寒の一月や二月には、母が送ってくれた、ありったけの毛布や布団をかぶり、文字通り埋まって就寝するのですが、何かしら寒くて夜中に眼が覚めることがよくありました。布団カバーが、自分の吐く息で凍りゴワゴワしているのでした。この一月〜二月の極寒の期間は、室温を考え、下宿生のW君と床を並べて就寝していました。隣で寝ている高校生の吐く息が、二本の白い蒸気となってはっきりと見えるのでした。「さすが北海道の冬だなあー」と感心しました。

この寒い時期の出勤時には、靴下三枚や厚手の股引きやデストロイヤー並みの毛糸頭巾（眼と口しか見えない）を身に着けていました。身に着けると言うよりも装備という観でもありました。

学校近くの登り坂でツルツル後方へ滑るのですが、高校生は何事もなく歩行しています。「なんでじゃー?」と聞くと「靴が違うべや！」と言うのでした。靴底に滑り止めが付いているとのことでした。

また、出勤途中に出会う材木や大きな物品を曳く馬が、頭巾や胴巻きをしているではありませんか。驚いたことに、どの馬も白いひげを顎に蓄えて……？　よくよく見ると、馬の吐く息が凍って顎のまわりが白くなっていたのです。さらに驚いたのは、太陽に光る氷柱さえ馬の口元からぶら下がっていたのです。この時期だからこそ、馬が活躍する仕事（凍結路面を活用して物を曳く）があることも、登校中の高校生から教わりました。

寒い季節のことから離れて、とても強く印象に残っている高三のS君の父親との出会いについて触れておきたいと思います。彼は教員でした。真の教育についての持論と教育現場の課題や矛盾など明快に主張される方でした。

S君との会話から、尊敬すべき素晴らしい先生と感激していました。ところが、当時の教育行政は、反動勢力としてのレッテルを貼り、一年毎に転勤させられていたようです。俗に言われる左遷であったことは、教員経験を重ねるにつれて理解できました。人事異動の惨たらしさだったのです。

S君は、父親をとても尊敬し、進路を教員と決めて素晴らしい成績を保持していて、感激させられました。そのS君の父親に一度だけお会いすることがありました。

男子生徒の長髪許可について、生徒会執行部が要望活動を展開していた時期、S君が帰宅後、執行部にエールを送った私の話をしたことがきっかけでした。

実に粗末な借家住まいでしたが、これまでに見たことのない書物の多さにはびっくりしました。実に温和な語り口調で、教員のイロハのイの部分「子どもあっての教員、その影響力と責任」についての一言がありました。

奥さんは、家計の助けにと「ドイツ語」の翻訳をされているとのことで、「エッ！　こんな田舎で？」と驚きました。

余談ですが、持ち家について、かなり執着する故郷広島と北海道では考え方に随分違いがあるように思えました。下宿の主人の説明では、「本州から北海道へ移住し、一山当てたら故郷本州へ帰る」という先代からの思いが生きていて、住家にはあまり執着しない気風が残っているということでした。

貯蓄をし、子育てと合わせて長期のローンを組み、土地を購入し、わが家を建て……という感覚が私の中にはあったのです。そんなことには、無関心または無頓着であるかのように見えました。

一年の季節が大きく二つに分かれ、しかも色彩豊かな春と夏と秋が一度に訪れて去ると、厳しい半年近い冬の訪れる、北海道ならではの自然が、おおらかな人情味溢れる人間を育む……と勝手な思いもしていました。

四　学校の状況と高校生の雰囲気など

各学年六学級で全校十八学級規模の普通科高校で、生徒は足寄町や国鉄池北線沿線の町からの通学であったようです。六〜七割の卒業生は進学希望で、道内の国公立大学に進学する割合は、非常に高かったと記憶しています。内地（北海道では本州のことをそう呼ぶ）の国公立や私立大学への進学者もかなりの数だったと記憶します。

陸別出身の下宿生Ｗ君は、京都の私立大学へ進学したようです。父親の事業が順調であった証でした。私が赴任する三年前から冷害が続き、農作物は無収穫の状況で、進路を変更せざるを得ない生徒もいたようでした。

冷害農家に対して、国や地方自治体などからの支援もあったそうですが、生活を維持できなくなった家庭もあり、不幸な出来事も起きたりしたようです。

専業農家は非常に少なくなり、兼業農家中心の状況になった広島辺りとは随分違っているようで、開拓集落では開墾した広大な大地で作物を育て、その収穫に、一家の生活がもろに左右されます。しかも厳しい自然の影響を受けるので、冷害が三年も続くと想像を絶する事態も生じたろうと思われます。

冬季は、遠隔地や交通の便などを考慮して、男女共に寮が開設されました。その間だけ舎監が生徒と生活を共にするのです。寮生活の状況は、おおらかと言うか、自由と言うか、実に楽しい雰囲気でした。舎監と一緒に夕食後の一時を、マージャン（舎監曰く＝スポーツマージャンだそうです）などで過ごしたりするのでした。生徒たちは、勉学にも精出し、決してルール逸脱などの言動はしませんでした。開拓集落で頑張って生活する家族への思いを、心の奥底に持っていたのだろう、と勝手に想像をしておりました。

次に職員構成とその雰囲気などに関することで、記憶に残っていることの幾つかを書いてみます。

教員生活最初の職場で出会ったS校長先生は、忘れることはありません。旧制広島高等師範学校を卒業し、広島市内の私立女子高等学校勤務が教員の出発だったそうです。

私をその系統の卒業生・後輩の一人として、拾って下さったのでしょう。奥様共々、夕食に誘って下さり、学生時代や初任校での楽しかった思い出を語ってくださいました。

「下宿の掃除や洗濯や弁当作りまで、生徒がしてくれて……」とか「早朝、似島から通学する生徒が、甘いミカンをそっと下宿の玄関に置いてくれたり……」など、とても懐かしそうに話されるのでした。奥様は側で、にこにこされながら「これまでさあ、何度同じ昔話さ聞いたことだべね！」と言われるのでした。

広島については「温暖な気候の影響なのか、方言も人付き合いも、とっても人情味が厚かったように思う。終生忘れらないよなあー」でした。

二ケ月程経過した頃、「瀬戸内海と違うが、海を見て来たら……ほっとするよ……」と校長室に呼ばれてすすめられました。日曜日に、足寄駅から池田駅経由で釧路駅まで、海を見に行きました。懐かしい潮の香りにほっとし、生まれ育った瀬戸内の風景を想い描いていました。

校長の言葉のように、潮の香は同じ海でも、見渡す限りの水平線から、地鳴りを伴って打ち寄せる波は凄いものでした。

こんなこともありました。夏冬の休暇中に校長が私の帰省を気にされました。交通費捻出の心配をされていたのです。給料は一万六千八百円でしたから、下宿代などを引くと、大変だろうという心配があったそうです。

帰りたいけれど帰れない……校長の心配通りでした。事務長と一緒に校長室に呼ばれました。「帰省のため、一ケ月分の給料を先に支払う」件についての話でした。そんなこんなで、何かと気遣いをしてもらったのです。

お世話になった校長の反対があったにもかかわらず、結果的に一年で中学校へ転出し、申し訳なく思っています。

広島に帰省した際に、広島の酒瓶を二本持参したところ、多くの職員がとても喜んで、舐めるように飲んでいた姿を思い出します。寒さからでしょうか、酒好きの職員が多かったようです。極寒の季節の一時限目の授業へ行く前に、机の下から四合瓶を取り出し、コップでキュッと一杯、そして「行くべ！」と職員室を出るのでした。新米職員は出入口が定位置なので、そんな職員の一挙手一投足がつぶさに窺えたのです。

教卓に近い生徒は酒の匂いがするであろうにと心配もしたのですが、気に留める様子もなく、コートと手袋着用で一時限目の授業がはじまるのでした。

校長の広島高等師範学校出身について書きましたが、その系統に自分があったことがお気に召さない職員のあることが二学期にわかりました。

五十歳半ばの教務担当の先生でした。時間割編成は、年に二～三度変更されますが、私の担当教科に配慮がないと怒りを覚えたのです。

夏季の午後は、大陸性気候で結構暑く、冬の午前は極寒です。その暑い時間帯と極寒の時間帯に、担当教科が組替えられるのでした。深く考えもしていなかったのですが、二度目の時間割変更に際して、質問をしました。教務担当者が、お茶を濁すような対応をされ、怒りを覚えました。

その怒りの矛先を教頭に向けました。そこではじめて高等師範学校の勢力図について知ることになったのです。

校長は広島高等師範学校出身で、教務担当者は東京高等師範学校出身でした。二人は同じ年齢だったようです。面白くなかった思いの一部分が私に向けられたか、と感じました。

「滋賀県から北海道に至るどこの高校に行っても、大なり小なりの風当たりは避けられないだろう……。小中学校は違うだろうが……」と教頭に言われました。転出の一つの要因でもありました。

次に、少し珍しい自然の厳しさについて書いてみます。学校トイレは、汲み取り式でした。冬季で割と早く出勤した朝のことでした。宿直の警備員さんがバケツに入れた熱湯を運びながら「先生さ、見たこともないものさ見るべし！」とトイレへ誘われたのです。

大便器の穴に湯をかけるのでした。槍ケ岳か穂高か……用足しごとに、だんだんと高く積もり凍ったものが崩れ落ちていくのでした。それと同時に匂いが鼻を突きました。匂いさえも凍りついていたのかと、不思議なものを見たような思いになったのでした。

少しロマンチックな思い出を書いてみることにします。

一月二月には気温が零下十度を越え、水滴などが二重の外窓ガラスに、四六時中凍りついてしまいます。その窓ガラスが朝日に照らされ、ステンドグラスのように乱反射して輝くのでした。最初の頃は、その中での授業が嬉しくて嬉しくて……不思議ないい気分でした。

また、この極寒の時期に、生まれて初めて大自然の神秘な光景に引き込まれたのです。一、二月の晴れの朝には、空気中の水分が凍りつき、朝日に輝くダイヤモンドダストとなってキラキラと降り注ぐのでした。学校近くの昇り坂でしばし歩を休め、感嘆していました。

生徒曰く「広島さあ、ないべ！　綺麗だべや！」でした。本当に、初めてお目にかかるからではなく、何回お目にかかっても神秘なものでした。

これと同じ原理とのことでしたが、次のようなこともありました。勤務の都合で、満月が昇って下宿に向かう途中、抜けるように白い月明かりの中、光り輝くダイヤモンドダストにお目にかかることがあったのです。自分独りでの帰宅だったので、何か怖さを伴った神秘さに感嘆した記憶があります。

下宿のお姉さん曰く「ラッキーだべや！　いいことあんべ！」でした。めったないのだそうです。こんな夜は、とてつもなくシバレルとのことだったので、持ち合わせの寝具を総動員し就寝したのでした。

出勤前に、下宿の内戸を開けたコンクリートのたたき（かつての肉屋さんのなごり）の柱に下がった温度計が、零下二十八度を指していました。私が北海道で経験したもっとも寒い記憶です。

外に出ると、寒くはありません。外気に触れる部分が痛いのです。「冬さあ、耳が凍傷さになり、もげるべ！」と下宿の皆から笑いながら言われたことも記憶していますし、デストロイヤースタイルも仕方なかったのです。

夕方の気温が零下十五度であれば、定時制は休校だったように記憶しています。もっともっと下がるからです。

鼻で思い切り呼吸すると、穴の粘膜がくっついて、呼吸困難になることも経験しましたし、オーバーかも知れませんが、まばたきがぎこちなく思えたし、手足の間接がスムースでないようにも感じました。

そんな極寒の外から暖かい室内に入り、しばらくすると睡魔がやってくるのでした。極寒の夕方、学校から下宿まで徒歩で十五分ほどでしたが、心身に言いようのない緊張感を抱いて戻り、ルンペンストーヴで暖められた部屋で、いつの間にか眠りこけていたことを思い出します。

五　勤務について

私の担当教科は音楽（選択制）ですが、週十二時間の授業は、他教科の先生の持ち時間に比較して少ないことから、社会科目から新たに独立した倫理社会を四時間、無免許担当することになっていました。

倫理社会の内容は、私が高校時代に受けた一般社会という科目に含まれていたように思われました。自信がまったくありませんから、教科の内容に関連しそうな書物を、学校図書室で随分と読んで予習をしました。

授業用のノートも三冊できました。本来の音楽よりも多くの授業準備の時間が必要でした。いざ授業に直面すると、予定した内容や範囲など惨めなものでした。自分のものになっていない、借り物の状況では、到底生徒への説得力が生まれることはあり得ないのです。

それでも二年の生徒たちは、一週二時間の私の授業を受ける体勢を整えてくれていました。そのことが、とてつもなく辛いことでした。いつもそのことが頭から離れず、予習をするものの、やはり無理であると結論を出しました。

やがて、予習で読み漁った書物から、「倫理社会の本質は〈愛〉である」という結論に達しました。そして自分はその教科は「無免許である！」ことで、次のように生徒たちに伝えました。

「一生懸命に授業の予習はするものの、授業にならず申し訳ない！　この教科で受験することは諦めて欲しい！」そして、「自分なりに到達した倫理社会の本質は愛である！」「次の授業からは、愛をテーマにしたい！」と無責任発言をしたのです。教科書に記載された歴史上の人物に加え、音楽家たちの愛について、一生懸命に語り、生徒たちの思いをも発表させる授業展開にしました。

手前ミソですが、生徒たちは結構喜んでくれ、私のニックネームが「愛とは何ぞや先生」になったのでした。教室のストーヴの煙突に、チョークで「愛とは？？？」と書かれたりもしました。

授業そのものは、笑いがあり、質問があり、反論があり……で、とても自由な雰囲気だったと記憶しています。

定期試験は実施せず、テーマと提出期限を設定した小論文提出としました。管理職や保護者からお叱りを覚悟しましたが、おとがめはありませんでした。正直なところ、ほっとしたことを懐かしく想っています。

音楽の授業について少し書いてみます。音楽教室は無くて、体育館ステージを半分ベニヤ板で仕切った細長い部屋でした。ピアノ一台とビクターステレオ一台と移動式五線黒板が設備でした。

生徒たちは、下手な、五月雨ピアノに合わせて、実によく反応してくれました。毎時間、生徒たちは結構楽しみにして、体育館ステージ裏の教室に来てくれたように思います。

六月中旬頃、授業開始して間もなく、風に乗っていい香りが漂ってくるのでした。「ありゃあー、なんの匂いなんじゃろうかあ？」と生徒たちに聞くと「スズランだべや！」の答えでした。興味津々の私が「どこからじゃあー？」と言えば「グランド向こうの山だべさ！　先生さ、外さで授業さするべ！」とタイミングいい反応でした。

その生徒の一言で「ほいじゃあー、教科書だけはいるんじゃけん！」と告げ、選択者三十人とグランドを横切って、香りのする方向へ急いだのです。

「ここだべや！」と生徒の声です。香りは確かなのですが、スズランは見えません。「スズランはどこなんじゃあー？」と言えば、「この山だべや！」と返事があり、後ろを振り返ると、移植ゴテで熊笹をかきわけてスズランを掘っているではありませんか。

隣の生徒はダンボール箱にそれを詰めているのでした。生徒会の執行部を経由して、航空便で本州に送り、何がしかの代金を得て、バレーボールやバトミントンラケットなど生徒使用の用具購入に充てるのでした。

そこらの山々は、膝丈ほどの熊笹に覆われているので、可愛いい花をつけたスズランが一面に自生しているとは見えなかったのです。

数ケ月の間、雪の重さに耐えて、この時ばかりと咲き誇るのだそうです。移植ゴテやダンボール箱を持参するなど、手慣れたものだと感心しました。

野外授業とスズラン採取――その時の生徒たちの、表現のしようのない素敵な表情を忘れることはできません。

北の大地の厳しい冬を生活の一部のように、逞しくやり過ごす秘めた力強さから生まれるものでしょうか、とても穏やかな表情でした。

体育館で体育の授業が実施されている時は、レコードによる音楽鑑賞の授業は大変なものでした。とくにハンドボールやバスケットボール種目になると、外れたボールがステージ仕切りのベニヤ板を直撃し、振動で、レコード上を針がビューン！となるのです。

種目の予告をしてもらっていても、その通りでないことがあり、ステージ上で担当者と怒鳴り合いになったこともありました。随分とムキになっていたものです。

観賞用のレコードも使用に耐えられるようなものは少なく、安月給で買ったことも懐かしい思い出です。一年後の異動の際に、鑑賞に強い関心を持っていたS君に、それらのレコードをプレゼントしたような記憶があります。

初めての音楽専任であったことも手伝ってか、歌うことに興味を示す生徒が結構いたこともあり、合唱同好会（部ではなかったように記憶）ができたのでした。

昼休みとか下校時刻までの放課後を使って、和気あいあいの練習をし、地区の合唱コンテストに出演したことも懐かしい思い出です。とても緊張し、満足のできる演奏ではなかったと思いますが、他校の感激的な演奏を聴いて、三十人前後の生徒たちは、音楽することの心地よさも経験したようでした。

メンバーの一人に、素晴らしい声の持ち主の女生徒がいました。かなりの時間を要してバス通学をする努力家でした。後にNHKのど自慢で歌曲の部の北海道代表に選考され、全国大会へも出演し、歌うことが生涯の生き甲斐になったようです。

吹奏楽部は五十代の国語の先生が顧問でした。二十数人の編成で、文化祭などの行事前に集中的に練習をし、日常の練習はなかったようです。

週三回、放課後練習をすることになり、顧問の了解を得て、私が指導を……となったのですが、顧問の気に障ったようで、指導を辞退し、フルート担当の一部員として加わることにしました。

また、オンネトー温泉での吹奏楽ボランティア演奏のときなど、指揮の出番はことごとく無くされたようで悔しさを覚えました。年配者との付き合いは難しく、余程気遣いをする必要のあることを教わりました。

また、ある放課後の合奏中に、S君へダイナミックスについて指示を出しました。S君の反応がなく、再度の指示に対して何か言っているようではありましたが、把握できませんでした。「わかりゃあーせんじゃあー。はっきりせんにゃあー」と言葉をかけ、合奏を続行したのです。

練習終了後、私の対応は、とんでもなく配慮を欠いたものであったことが、他の生徒からの指摘でわかりました。S君は、緊張すると強度に吃ることやサキソフォーン演奏が大好きであることを知らされたのです。

彼は既に下校していたので、「明日、謝罪をしよう」と暗くなったメイン道路から、雪明かりを頼りに近道に入りました。直後棒切れを持った人物に二、三発叩かれました。走り去る姿は見失ったのですが、どこか見覚えのある雰囲気の人物に思えました。

徹底的に襲うつもりはなかったようで、大したダメージもなく、下宿に着くまでにいろいろ考えて「そうだ！　放課後練習の彼だろう！」と思うと同時に、大きな間違いをしでかしたことへの申し訳なさが込み上げてきました。

翌日、登校路で彼を待ち、心からの詫びを伝えました。彼は「ニッコリ」と笑顔を返してくれ、救われた思いになったものです。

こんなこともありました。冬の放課後の吹奏楽部の個人練習の際、ある楽器担当の生徒のそばに行くと強烈な匂いがするのでした。その時は何も言わず、職員室で職員に尋ねました。

「極寒の北海道では、アイヌネギを好んで食べると、長時間全身が温まるので、弁当のおかずに、夕飯の残ったものを入れたのでしょう」との説明でした。

それにしても強烈で、にんにくの数倍の匂いでした。その場で「なんじゃあー。その匂いは……。楽器が臭くなるじゃろうがあー」と、生徒の心を傷める言葉を発することだけは押し止まったのでした。

新米の教員だからといって許されることでは決してありませんし、この過ちを悔いる思いは、私の教員生活の教訓として生き続けたように思います。

次に楽しくも辛かった遠足について書いてみます。全学年同一コースの総距離二十？キロメートルの遠足でした。どんなものなのか皆目見当はつきませんでした。

下宿のお姉さんが作ってくれた弁当を、桃太郎の「お腰につけたきびだんご……」そっくりの格好で、腰に巻きつけて出勤しました。

年配の職員は、利別川の橋のたもとで、日傘の下で待機し、全生徒の通過を確認していました。途中やめたり引き返す生徒を見張る役目だったようです。

その橋を渡ると、利別川には遥か彼方の足寄阿寒湖道路に架かる橋以外はないとのことでした。走っても、歩いても、途中で弁当を食べても、とにかく学校に辿り着くことが目標でした。

生徒と一緒に、元気よく走って、その橋を渡ったのはいいのですが、後が続きませんでした。歩いていると「先生さ、弁当さ喰うべし！」と生徒の誘いがあり、川沿いの農道に座りました。

下宿のお姉さん手作りの弁当の包を開いてびっくりしました。リンゴ二つ分に匹敵しそうな大きなおにぎりが一つ包んであったのです。

おかずらしきものはありません。右手に持って、どこから噛みつくか……眺めていました。男子生徒の弁当も私と同じでした。女子生徒のものは、それらしき（普通の遠足スタイルの）おにぎりのようでした。

一つのおにぎりの中に、鰹節の部屋・梅干の部屋・塩昆布の部屋・刻んだ沢庵の部屋・サケの部屋があり、びっくりすると同時に、生活の知恵だろうと感心しました。畑仕事に出かける時も同じであることを教えられました。

水筒を持たない男子生徒が、川の水をうまそうに飲むことにも感心したものです。学校を出発して三時間くらい経過した頃、民家も見当らない広々とした畑の向こうから、手を振る人物がいました。全コース走り終わり、帰宅して、農作業を手伝っている陸上部の男子生徒でした。

私は生徒と走ったり、話しながら歩いたりして、午後三時過ぎにやっと学校に辿り着いたのでした。これまでの遠足の概念が根底から崩れた、楽しくて、少し辛い、忘れることのできない思い出の遠足でした。この遠足については、その後の教員生活のいろんな場面で、楽しく語らせてもらいました。

足寄町近辺には、とてつもなく大きな蕗が自生し、にわか雨の際には傘の代わりになるのだそうでした。その名は「ラワン蕗」だと聞かされました。採取の際は、鎌であたかも竹でも切るかのように刈るということでした。

ワラビ（これも大きすぎて、摘むなどの表現でなく、刈り取るがぴったり）と同じく、ゆでて乾燥させ、冬の食卓に上るのだそうです。

次に、男子生徒の長髪許可要望運動について書いてみます。生徒会執行部が長髪許可についてのアピール文を、町民に配布しようとする動きが出ていた時期に赴任したのでした。

昭和四十年は、そんな時期だったのだと改めて思います。生徒心得や校則に記載されたものについて、要求活動が表面化した時期だったようです。

執行部の数人が、「配布文についてヒントが欲しい」と下宿を訪ねてきました。とてもよくできていて言うことはありませんでした。

配布への不安を抱いている様子でしたので、勇気づけの言葉をかけました。そのことが後になって、例の高等師範の反目意識とセットになり、「生徒を洗脳したり、あおっている職員がおる」となったようです。

担当教科が音楽だったことで、多くの子どもたちや保護者、地域の方々との出会いや触れ合いができ、それらを糧にして自分流教育論を主張できるようになりましたが、見えない所で先生方や子どもたちなどに迷惑をかけていたのではないかと反省する部分も少しはあります。

北海道ならではの夫婦先生がありました。近辺に高等学校が少なく、交通事情などを思えば、仕方のないことだったようです。

職員室で夫婦先生の机が並んでいても、生徒も職員も何ら気にしてはいないように見えるのですから不思議でした。

当時は土曜の午後・日曜日・祭日に職員の日直や宿直がありました。それぞれに手当が支給されていました。職員室の行事予定黒板の上の欄に、担当職員の名前が記入されるのです。

冬季になると、一ケ月の半分近くを宿直当番として自分の名前が記入されていました。「許可もなく……」と教頭に質問すると「下宿に帰っても独りだろう。給料も安いし、手当があるので助かるであろう」との答えでした。

確かに給料は少なかったし、宿直一回四百八十円の手当で、助かったことは事実でした。

夏季の日曜日の宿直当番の時、京都からサイクリングの男子高校生が宿を求めて訪れ、自分の判断で泊めました。大学時代に広島から東尋坊まで、一人でサイクリングしたことなど、夜遅くまで話し込んだり、予期しない楽しいこともありました。

冬季の宿直は、二人体制になりました。お酒を飲み、イビキの凄い職員とは、二度と宿直はしたくなかったものです。校内の巡視が十八時・二十時・二十二時・朝六時の四回ありました。

巡回場所は十三ケ所ありました。そこでは巡回時計に差し込むキーが設置されていました。針が巡回の時刻に差し穴を開けるのです。

懐中電灯をつけて巡回するのですが、嫌な場所がありました。それは、マネキン人形のある被服教室、人体の標本のある生物教室でした。昨日は部屋の右端にあったから……。無いのです。全然見当違いの場所で見つける時の驚き……。

積雪のある冬季の「温まる夜」は、体育館屋根から大きな音を発てて雪が落ちます。その音に仰天したものです。また、雪がしんしん降る夜の巡回は、体育館や廊下で、自分の足音が反響して誰かがついて来るような錯覚が生じ、不安になるのでした。

予断ですが、給料一万六千八百円の当時、寒冷地手当と石炭手当が支給されることを知り、喜んだ記憶があります。確か独身者は、給料の二・四ケ月分だったかと思います。

その支給は、やっと雪が溶けた五、六月頃だったように記憶しています。その時期から訪れる冬の準備に入ることを意味していたのです。「へえー、そうなんだあ！」と納得することがとても多くあり、感心したり、驚いたりしたものでした。

六　休日（日曜・祭日）の過ごし方

広島から遠路はるばる、新卒の音楽教員が赴任したことで、生徒にとっても興味があったようです。新学期当初から紅葉のシーズンの頃まで、休日のほとんどは、生徒と一緒に行動していたと記憶しています。

雪融けの山やダムや川へのハイキングもかなりの回数になりました。そんな時、女子生徒が工夫を凝らした手作り弁当をもってきてくれたのでした。

「貯め鬼ごっこ」で熊笹の山を走り回ったり、冷たい冷たい五月頃の川に入り魚探しなど、昨日の出来事のようです。

雌阿寒岳の山登りに、吹奏楽部員数人と出かけた時のことです。足寄から阿寒湖行きのバスに乗車し、ジャリ道をしばらく走って、登山口で下車しました。阿寒湖に向かう原生林の真っ只中の停留所でした。北海道特有の樹木以外は、何も無いのです。まして人に会うなんてことは到底期待もできないように思えました。

目的の雌阿寒岳に向かって平坦な一直線のでこぼこ道を、十五分程度歩いた時に「熊だべや！」と言う男子生徒の声です。指差す百メートル程前方を確認しました。黒っぽい小犬に思え「なんじゃー、犬じゃがあー」と言ったのですが、生徒たちの表情はかなり固いように見えましたので「あれは、なんじゃあ？」と聞くと「熊の子っこだべ！　近くにでっかい親さいるべや！　帰るべ！」と言い、今来たバス停留所の方に引き返し始めたのです。

バス停留所で阿寒湖発の帯広行きのバスを待ちます。一時間少しの待ち時間が長くて、とても不安でした。その間に、銭湯で隣に座って、背中を擦り合った地元の方の「農作業中に熊と格闘し……」といった話と、「至近距離で出会ったら、衣服を横に投げて走り去ること……」という下宿の主の話などを思い出していました。

浅知恵の私は「熊に出会ったら木に登ればいい」くらいに考えていましたが、とんでもない間違いだったのです。熊は木登りが非常に得意なのだそうです。知恵もかなりなもので、熊笹の中に座り、側を通過する獲物を一撃で仕留めることもあるそうでした。まさに熊手のような、あのでっかい手で。

仕留めた獲物の内臓を好んで食し、残ったら穴を掘って埋め、空腹になってそこに戻ってくるのだそうです。山などで人間が行方不明になった時に、熊を尾行し、遺体を発見したこともあったということでした。

北海道の自然を侮ったりしてはならないという下宿の主や地元の方々の親切な忠告であったのだと思い知りました。

後輩六人が北海道旅行の途中、阿寒湖畔のホテルに泊まっていると連絡が入りました。土曜日の午後、下宿の主人の二五〇ccのオートバイを借りて、原生林のジャリ道を阿寒湖に向かって走りました。

大学の後輩と五か月振りの再会で、時間を過ごし、復路はライトをつけて走ることになりました。ほとんど車に行き交うことのない、両サイド原生林の一本道でした。

エンジントラブルなどで走行不能になったら……熊に出会ったら……と不安がだんだんと大きくなり、緊張はかなりのものでした。

夜八時過ぎに下宿に着いたところ、「無謀そのものであった！」と下宿の主人からひどく叱られました。

私が無免許であったからです。下宿のお姉さんに、オートバイ借用を申し入れた時に、当然免許所有と思ったということでした。

先生が無免許で、しかも原生林の中、片道数十キロメートルのジャリ道を往復するなど思いもつかなかったし、万が一の時、広島の両親へ申し開きができない……など、普段は温和な下宿の主人が怖いほどの表情で忠告されました。

そんなことがあってから、同居の高校生W君の父親が、道東地方を高級車で案内してくださり、北海道の大地の広さと未開のままの自然の凄さと、そこで生きる人々の力強さと優しさなどについて、少しは理解もできました。今も感謝の念で一杯です。

夏の終わりの時期（北海道では、学校の二学期は八月二十日頃に始まる）に、大学でとても尊敬していた教授（作曲・指揮法・オーケストラなど担当）が、教授の母校の演奏旅行途中に、足寄に立ち寄ってくださいました。

胸を高鳴らせ駅に出迎えました。改札口から、楽器ケースと演奏会用衣服ケースを両手に持たれ、にこにこされながら出て来られました。その時の嬉しさは言うまでもなく、とても興奮し、感激で言葉も詰まりがちであったことを忘れることができません。

下宿を案内し、唯一の喫茶店で、私の勤務校の様子を聞かれたり、魅力一杯の北海道についての感想を、いろんな視点から話されました。

教授は、次に予定された演奏会場所に入り、練習があるとのことでした。慌ただしい中を、出来の悪い卒業生激励のため、遠回りされたのです。ひたすら、感謝！　感謝！でした。

話が変わりますが、下宿の隣はパチンコ屋さんでした。人口は二万人足らずで、香川県よりも広い町ですから、人口密度は日本一ゆったりとなります。

帯広方面の職場へ勤務される方も結構多いのでした。そんな状況ですから、営業は夕方からになっていました。

昼食時に、教務担当者の時間割操作への不満を教頭に申し出たことを触れましたが、納得はできていなかったのです。再度、不満と希望を教頭にぶつけました。

説明にならない説明に怒りが込み上げ、教頭に向けて机上の物を投げつけ、下宿の皆が心配する中、翌日から一週間欠勤しました。

下宿に居てもすることがなくて、隣のパチンコ屋さんに電話をして、潜り戸から入れてもらい、電源を入れてもらいました。「気の済むまでどうぞ！」と椅子の横にバケツを置かれたのです。

出るわ！　出るわ！……でも換金はできない約束だったのです。三日連続、半日パチンコして、わかったことは「パチンコなどの賭事は、見返りがあるからその気になる！」ということと、「操作すれば、出たり出なかったり自由になるのだ！」ということでした。

十勝平野のど真中にも漁業協同組合があることには驚きました。紅葉の季節に、ある職員の誘いがあり、三人でダムの堰の下へ鮭を釣りに行ったのです。

実際は釣るというのではなくて、物干し竿のような竹に、ひっかけバリを付けた紐を結び、ひっかけるのでした。ダムの堰下の真っ青な水の中を、一メートル近くありそうな数匹の鮭が悠々と泳いでいます。広島育ちの私には想像もできない光景でした。

ひっかけた鮭は草むらで、手早く腹を裂き卵をタッパーに入れるのでした。二匹目の作業が終わって「監視さ来る時間だべ！　帰るべ！」と言われてオートバイの後部座席に乗って帰りました。

活込ダム鮭密漁の怖さを体験したことになりました。下宿の主人から「密漁の巡視には、猟銃を携えているのだ！」と教えられたのです。

その密漁のときに、ダム一帯の紅葉の凄さと、木々に絡んだ野生の葡萄の実の大きさとおいしさには驚きました。十勝の紅葉は美しいなんて表現は適当でないようにさえ思えました。

また熊の話しになりますが、鮭が上り、葡萄が熟す紅葉の時期は、熊にとっても厳しい冬を乗り切るための、大切な食い溜めの時期ということで、山菜採りや茸採りや収穫作業などの最中に、結構熊の姿を見かけるそうです。

冬季の運動と言えば、スキーかスケートになりますが、十勝ではスケートの方が盛んだったように思います。私は下宿の靴を借りて、W君とスケートリンクに出かけます。着いた場所は、小学校のグランドの特製リンクでした。

夜間照明もあります。雪の土手でグランド全体を囲い、大きな円形のリンクができているのです。リンクの周囲に手すりなどはありません。よたよたと、滑るよりは歩くような不格好者は自分一人でした。

歩けるのか否かも定かでないような子どもたちが、見事なスピードです。三回程通いましたが、足が遠のいてしまいました。

雪の土手で囲んだグランド一面のリンクを作るには、条件がありました。気温が零下五度以上の日に、消防車が出動し、放水するのだそうです。それ以下の気温では、放水するはしから凍ってしまい、中心が盛り上がり、平らなリンクにならないということでした。

実際に見たことはありませんが、中学生や高校生など高い技術の保持者は、凍った川や湖で自由自在に滑るそうです。冬のスポーツの華のスケートの選手が、頻繁にこの地方から生まれることも必然のようでした。

短い足寄での一年間の生活だったのですが、下宿の皆さんには感謝の言葉以外にはありません。ご主人の一度だけの厳しいお叱りや、お姉さんの毎日の一切の家事労働は、今思い出しても感激ものです。

僻地四級の中学校への転勤に際し、荷造りも手伝ってもらい、駅まで見送って下さった下宿の皆さんに対する、私の複雑な思いは終生心残りになりそうです。

今言えるのは、「どんな理由付けをしても、一年で初任校を去ったこと、結果的には、逃げたも同然である」ということです。

身勝手以外の何ものでもない、私の人間的に大きな欠陥が露呈したと思っています。その後も、似たような甘い考えは、心の中に居座っていたと反省されます。

七　演奏会を聴きに札幌へ・転勤への思い

十勝の足寄町に来てから、演奏会への機会が遠ざかっていました。十勝新聞記事でフランスの世界的フルート奏者「ジャン・ピエール・ランパルの演奏会」があることを知ったのですが、何せ遠方の札幌のことで、聴きに行けるものとは思ってもいませんでした。

先輩の札幌市交響楽団ホルン奏者Tさんから、チケットが送られてきたので驚きました。「午後ホールに来れば、G・P（本番前の練習）が見聴きできるよう配慮する」とコメントが添えられていたことには感激しました。

「喜んで演奏会に行かせてもらいたい」と返事をしました。数日後、札幌のSさんと言われる先輩から学校に電話がありました。「演奏会に来たら、是非立ち寄るように。主人も会えることを楽しみにしているから……」とのことでした。先輩同士の連絡でそうなったようでした。

演奏会当日、早朝の上り列車で、一路札幌へ向かいました。感動と不安に包まれ初めて越えたとき雪一色だったあの狩勝峠を越えたのです。この度は、弾んだ思いの峠越えでした。

札幌駅は、地下鉄工事でごった返していました。改札口に出るまで、左右に曲がりながら随分の距離を歩いた記憶があります。

駅前の大衆食堂で昼食を済ませ、演奏会場へ。案内所で「足寄の○○ですが、交響楽団のTさんを……」と告げると、二階席入り口へ案内され、「Tさんから聞いています。客席で、どうぞお聴きください」ということでした。

プロの、しかも世界的演奏者の、本番前の最終練習を目の当たりにできることにドキドキしながら、始まりを待っていました。

楽団員が揃ってチューニング（ピッチ合わせ）も終わり、指揮者も登場した直後に、黄金の楽器を携えて、体格のいいランパル氏の登場でした。演奏会終了後、先輩のはからいにより、楽屋でサインと握手をしてもらったのです。

机上に、二本のフルートが入ったケースが置いてありました。通訳の説明によると、一本は楽器全体に龍が彫ってある十八金製で、古いものなのでピッチが低いとのことでした。

もう一本は十四金製で本日の演奏に使用されたとのことでした。二本とも、ごひいきが製作費用を提供したということでした。

曲目はモーツアルトのフルート協奏曲ニ長調でした。一瞬、指揮者の呼吸が止まり、タクトと共に前奏が始まり緊張感が高まりました。

二楽章が始まって、急にオーケストラが止まりました。指揮者へ独奏者が注文をいろいろしていたようです。結局、指揮者はステージ袖に帰ってしまいました。

この協奏曲演奏については、ソリストが指揮を兼ねるスタイル（バロック時代や古典派前期頃は、このスタイルは結構あったようです）になったのだと聞かされました。

一流のソリストとの共演の難しさについては、書物やレコードジャケットの解説文で読んではいましたが、G・Pの際に目の当たりにし、とても驚きました。

「演奏会も感激しましたが、本番へ向けてのG・Pの方が新鮮であり、多く得るものがあったように思える」と、Sさん宅で感想を述べました。Sさんは、当時の大学の状況、教授のこと、街のことなどを、懐かしそうに話されました。

ランパル氏の演奏会を契機に、おざなりになっていた楽器練習に時間を割く日々に少し戻ったのでした。練習すればするだけ、技術的に低下していることが、いやという程わかりました。

学生時代は一日に平均六時間程も練習し、自分なりの頂点だったのですから、低下するのは当然のことなのです。

わかっていても、元のレベルに戻したいと焦りが生じ、すべてから逃げ出し、練習にだけ専念したい思いになったことなど、懐かしく思い出します。

勤務について役立ち感が抱けないままの日々が続いたり、先々への展望が見えなくなったり、やたら失望感だけが募った状況になったりしたのは、ランパル氏の演奏会と先輩宅での学生時代の会話のあった後のことでした。

先輩の主人（文部省出向北海道教育庁勤務）の「異動したければ異動させてあげる」の言葉が脳裏を離れず、転勤への思いが増幅されたようにも記憶しています。

結果的には、教務担当者との教育観の隔たりや自己存在感や役立ち感の欠落への不安な状況を、先輩の主人へ訴えたのです。

札幌市内の高等学校や登別や函館の中学校などを異動先として紹介があったように記憶しています。私は、僻地校勤務を希望しました。先輩から「北海道の僻地は、広島育ちの者には無理！」とお叱りを受けました。

最終的には、奥尻中学校の紹介があり、赴任したい意を伝え、三月下旬に、足寄を後にしたのです。見送りは、長髪許可運動をした生徒会執行部生徒・合唱部・吹奏楽部の数人と下宿の皆さんでした。とても有難く、申し訳なさでいっぱいでした。

八　僻地四級の中学校へ転勤

教員としての役立ち感を求めて、自分勝手な決断ではありましたが、僻地四級の奥尻中学校へ転勤することになりました。

足寄高等学校へ赴任する時とは微妙に違った、意気込みと不安などの入り混じる心理状況で、初めて渡った北海道函館の地に再び立っていたのです。

今回は函館本線でなく、江差線の一両編成のディーゼルカーでした。江差線は単線であり、時々上り列車待合せの時間があり、ほとんど乗降客のいない駅のホームに停車するのでした。売店も駅弁売りも自動販売機も見当りません。

三月末の季節ではありましたが、木古内駅を出発してしばらく走行し、桂岡駅までの山間部には、今にも線路をめがけて滑り落ちて来そうな程に積雪が残っていました。

木々に積もっていた雪が、列車通過の風圧で、粉状に舞い上がる光景を車窓から眺めながら、終着の江差の町のことや奥尻島のことについて想いを巡らせていました。

上ノ国駅を出発すると、左車窓に日本海の水平線が飛び込んできました。海の色は、瀬戸内海では見ることのできない、濃いブルーでした。この景色は終着の江差駅まで続きました。

江差についての知識は、ニシン漁最盛期の建造物の存在と民謡「江差追分」の町といった程度でした。高等学校は、普通科・商業科・工業科・農畜水産科・家庭科など総合的な内容を備えた高等学校であったことを後に知ったのです。

さらにユニークな「江差追分クラブ」があり、民謡普及の視点からも、地元はもとより、全国的に評価されていました。

奥尻島については「歴史の中で、悲しくて厳しい処遇を受けた人々が送られた島……漁業に従事はしているが、誇り高き家系への自負心を抱かれている」ことなど、足寄を去るまえに、下宿の主人が語ってくれました。

「東北から外地（北海道を指す）へ渡った、おら方とはちがうべさ！　武士の出さあ、多かんべさ！」を思い出していました。

終着江差駅につきました。ところが奥尻行き連絡船が欠航であると掲示されていました。そう言えば、函館駅改札口の江差線時刻表の下に、奥尻行きの連絡船情報も掲示されていたし、車内放送で「本日の奥尻行きの連絡船は欠航でした。明日は出航予定です」のアナウンスがあったようでしたが、気にもしていなかったのです。

案内窓口で次の出航の確認をしました。連絡船は、毎日朝八時と午後の二便だけであること、明日は出航予定であることを聞いたのです。どちらにせよ、宿泊場所が必要でした。

どこか紹介して欲しいと依頼をし、「相部屋しかない」ことを了解し、説明された道順に従って、港近くまで歩きました。

港から徒歩五分くらいの、ゆるやかな傾斜地の上の旅館でした。宿の主人から「ここ三日、海が荒れ、船は出ていないので、お客が溢れて困っている。雑魚寝ですよ」と念押しをされました。

この宿を外しては困ることになる、と判断をせざるを得ませんでした。私の部屋には、八人が宿泊でした。夕食時や風呂で、隣合わせになった人に、連絡船の大きさや速力、所要時間や海が荒れた時の状況などについて尋ねました。

私の不安などお構い無しの、いとも簡単な説明でした。夕方の防波堤の中は、波穏やかに見えたので、翌朝の出航を期待し、眠ったのです。

朝、何か騒々しい雰囲気で眼が覚めました。四日目にして、連絡船が出航するらしいとのことでした。朝食もそこそこに済ませ、手荷物を持って港に向かいました。実は、船酔いの心配があり、早く乗船して席を確保したかったのです。

乗船すべき船がどうしてもみつかりません。地元の人らしい男性に「奥尻行きの船は、向こうの白い船でしょうか？」と尋ねました。「あれは保安庁だべさ！　これだべさ！」と指差され、思わず「えっ！」と言ってしまいました。

その男性は「どこから来たべ？」と私の不安を読みとられたような面持ちで問いかけられました。つい、「広島から……」と不安を隠しきれずに返事をしたのです。「今日さ、揺れるべや！　三日も欠航してさあ、客も多かんべ！　座る場所さ取るべし！」と親切に言って下さったのです。

私の連絡船のイメージは、一等や二等の客室があって、高位置に操舵室があり、船底の機関室があって、レーダー塔があって……だったのです。

指差された船は、甲板に満載されたいろんな建設機材などから、どう見ても小型貨物船に思えたのです。乗船しなければ、奥尻には赴任できないことはわかっていても、大きな不安というか、恐怖に近い心の動揺がありました。

乗船せざるを得ませんでした。出航には随分の時間があったのですが、階段を下った船底の客室の入り口でびっくりしました。

カーペットが敷き詰められた二十五～三十畳程度の広さの部屋が客室だったのです。そここには、私の座るスペースなどありそうにない程に乗船者が、既に座したり、寝そべっていました。

出航の数時間前から、席を確保することが常識（生活の知恵）であることを教わり、以後の荒天時や欠航時の乗船で活かすことになりました。

出航時に、私は客室へ下る階段に荷物を置き、左舷から右舷への通路に立って、風に当たり船酔いを防ぐつもりでした。この感覚は、しかし、瀬戸内の連絡船以外には通用しないことがわかりました。

船員さんが近づいて「危険だべさ！　船室さ入るべし！」と語気強く注意されたのです。客室の階段以外には場所は見当りませんでした。

私が客室に入ると、船員さんが外から、ハッチのハンドルらしきものを回しロックされたのです。一挙に強烈な不安に駆られ、心臓が高鳴りました。防波堤から外の日本海に出たことは、船の前後左右の大きな揺れで判断できました。

それでも船は前進して行きました。ロックされた扉のガラス越しに、両舷を結ぶ通路を見ました。川のごとく海水が流れていました。ハッチ式のロックの意味はそこにあったのです。

本当に「怖かった」の一言でした。船室の状況は、二度と見たくないような醜態でした。船酔いに強い乗船者ばかりではありませんでした。

客室には、かなりの数の一升枡大の木製の箱が置かれていた理由もわかりました。室内には、その匂いやタバコの匂いなど、息苦しいほどでした。

奇麗に着飾った数人の若い女性も、船酔いが酷いようでした。なりふり構わずの状況です。江差港を出て、遅くても三時間半もあれば奥尻港に着くものと思っていましたが、荒天の海でエンジン停止などがあったり、実際は五時間半程度の船旅だったようです。

船酔いをする私はと言えば、ひたすら、いつ沈没するかも……の恐怖で、酔っている暇がありませんでした。役立ち感を抱ける勤務地として選んだ奥尻行きが、こんな状況になるとは夢にも思っていませんでした。先輩の主人の「広島生まれの広島育ちは、北海道の僻地のことがわかっていない……」と言われたことを思い出したりしていました。思いは複雑でした。

そんなこんなの思いをし、奥尻港の防波堤内に入りました。早く地に足を着けたい一心でした。防波堤内に入ると、それまでが嘘のように船は静かでした。着岸までの数分間、あの、なりふり構わずの女性数人の逞しさと言うか、凄さを見せつけられました。

真剣な表情で、手鏡を出し、化粧や御髪直しにかかるのでした。一般的なサラリーウーマンでないことは、乗船の際に理解していたつもりですが、「恐れ入りました」とでも言いたいプロの一面を見せてもらった感じでした。

やっとロックされた扉が開けられ、外気に触れてほっとしました。眼に入ったのは、しかし、何だか色彩の豊かでない町並みでした。厳しい冬に降雪を耐え抜いた証ということでした。

この色彩は、十勝平野の足寄町近辺と同じように思えたのですが、「日本海の孤島奥尻だ！」との思いが余計に複雑な感傷を駆り立てたのかも知れません。

そんな中、秘境奥尻を代表する「鍋つる岩」だけは、不思議な思いを抱かせてくれた記憶があります。余談ですが、あの地震と津波に襲われても、「鍋つる岩」は壊れなかったそうです。

広島の生活の中で、この「鍋つる岩」のポスターを、駅のホームや掲示板など、公共のいろんな場所で目にし、しばし立ち止まったものです。折しも秘境ブームでした。

正直なところ、やっとの思い！で港に降り立ちました。大げさなようですが、生き返ったような安堵感を覚えたのでした。中学校のK校長が出迎えられ、下宿のFさん宅へ案内され、ご夫婦に挨拶し、職員が待っているとのことでしたので、学校へ向かいました。正門でなく近道の裏口から管理職住宅の側を通過し、職員室で十一人の全職員と対面しました。

校長室や応接室などはありませんので、常時全職員は同じ部屋に居たのです。こぢんまりとした教育現場として、その必要性と良さが除々に理解できたのでした。

こうして、生活の拠点の下宿夫婦、そして勤務場所の中学校全職員と出会い、奥尻でのスタートが切られました。

次に、北海道の秘境とブームにもなった奥尻のことについて、簡単に触れてみます。

九　奥尻島について

島には奥尻港・青苗港という二つの港があり、大型船着岸が可能でした。昭和四十年当時、瀬戸内海を航行するような客船やフェリーとは異なっていたように記憶しています。日本海を数十キロメートル航行するのですから、青函連絡船の小型のような船が就航している程度に考えていたのです。だから実際に直面し、胆を冷やすことになったのでした。

現在の就航船は、最新鋭の機器を装備した大型の豪華旅客フェリーで、所要時間も二時間少々に短縮され、便数も一日二往復あり、旅行者に高い人気だそうです。

標高五百八十四メートルの神威山のふもとに、奥尻町と青苗町の集落が点在していました。青苗町は漁業一色の町だったようで、町内に平坦地があったのでしょうか、奥尻空港の滑走路がありました。常時運航されてはいなかったようです。

自衛隊のレーダー基地の島であったこともあり、飛行機の発着が必要だったのかも知れませんし、緊急事態想定からの設置だったのかも知れません。

この飛行場をつかって修学旅行が実施された年もあったということでした。このことに関しては、「中学校勤務」の項で少し触れたいと思います。

神威山のレーダー基地の洞窟内には、かなりの数の幹部自衛官が勤務されていたと記憶しています。それに合わせてか、奥尻町内では夕方から飲み屋街が賑わっていたようでした。

江差から奥尻行きの船内でお目にかかった、乗船客の中で一際目立った女性の仕事場だったことが、数ケ月経過した頃にわかったのです。

主として彼女たちは、「札幌市など北海道の主要都市から移って来る。中には東京からの者も……」とは下宿の主人の説明でした。

「お兄ちゃん、今度一緒に行こう」とニコニコ顔の言葉が続きました。すかさず、奥さんが「ああー。いいんかい？　お兄ちゃんをダシにして……」などというやりとりなど、懐かしく思い出します。

彼女たちの島内在住期間は、長くてせいぜい半年だそうです。そんな店に同僚に連れられて行ったことがありました。何か不思議な世界を見たようでした。

悪い癖かも知れませんが、「いろんな事情を抱えて、生活のために一生懸命頑張っているのかなあー」なんて思ってしまうのでした。中には、お客さんと結婚し、転勤に合わせて島を去る方もあると聞かされたこともありました。

この島の「なまり」は、十勝平野の足寄町とは少々違いがあったように記憶しています。東北地方へは、奥尻島が距離的に近いのですが、津軽や山形地方の方言を耳にすることは少なかったようです。

北海道の地に入ってきた事情に、歴史的な違いがあったからでしょうか。どちらかと言えば、時代劇で耳にするような「武士言葉」のように思えました。

その一例ですが、ある家庭を訪問した時に「上がられい！」の一言に、一瞬「エッ？」と思ったものです。聞き慣れない言葉だったのです。その時の状況については、「中学校勤務」の項に書いております。

家庭訪問も終了した、天気のいい六月頃の日曜日でした。魚釣が好きな私は、釣道具一式を準備するために、釣具店を探しました。しかし店は無く、漁業組合の売店だったと思いますが、そこで調達できたのです。

餌を購入したいと伝えると、組合の作業場へ行くように指示されました。作業している中年男性の「幾ら必要か？」に、「三百円ほど……」と言いますと、トロ箱一杯の生きた赤貝らしきものを渡されたのです。

広島の感覚では、ゴカイや本ムシやエビなどが餌なのですから、つい「えっ！　こんなに！」と言ってしまいました。「余ったら、下宿で湯がいてもらって食べたら……」と満面の笑顔でした。

自転車の後部の荷台にくくりつけて、下宿とは反対方向の球浦地区の海岸に行きました。海に突き出した一面の岩場に出、わくわくしながら北の日本海での投げ釣がはじまったのです。

その地域から通学する男子生徒が、餌のつけ方や投げる方向や距離など、親切に教えてくれました。魚のあたりを待って竿先を見ていると、「喰ったらかかるよ。ツブを採ろうよ」という生徒の言葉に誘われて、竿を岩の割れ目に差し込みました。

引き潮でも海水の残った岩場を注意深く見ると、五センチ大の、サザエに似たツブが水底にくっついているのです。「湯がいたら、旨いよ！」と生徒の説明。

すぐに手のひら一杯になりました。思いもよらないことですから、袋などの入れものがなく、流れ着いた大きめの空き缶を拾って、その中に入れました。

竿を差した場所に戻って、竿先がゴンゴン揺れていることに直ぐ気付き、思い切りシャクリ、リールを巻きました。逃げようとする魚の動きが、竿を通してグイグイ感じられるのでした。

経験もないほどの「ひき」に、ドキドキしながら、やっとの思いで岩場へ魚を引き揚げたという表現が適当でした。四十センチ程の鮭に似た獲物でした。生徒の言では「マスだよ」でした。海を回遊しているのだそうです。

釣ったマスと拾ったツブを持って、意気揚々と下宿に帰り、調理してもらっておいしく食べたことと、いつもよりも話の弾んだ夕食だったことを思い出します。

そう言えば、下宿の主人が「○○さんの船で、マス釣に行ってくるから……」と出かけ獲物として持ち帰った魚と同じでした。じゃがいも、にんじん、玉ねぎなどと一緒に、ぶつ切りのマスが煮てあるメニューが、よく下宿の食事に出された記憶があります。今思うと贅沢なメニューでした。

少し視点が変わりますが、この僻地四級の中学校赴任後、しばらく経って「僻地四級の学校指定」の大きな理由が「離島であるから」と理解ができたのでした。荒天続きで海がシケて、連絡船が数日間欠航することが、年に数回ありました。二月や八月に集中していたように思います。

そんな時には、「島内の米や食料品が底をつく……」などという不安情報が飛び交ったりもしました。また、新聞は、中学生が下校してから配達するため、夕方各家庭に届くのが常でしたが、数日分の新聞配達は大変な苦労をするということでした。

これらのことが離島であるが故の宿命的な状況と思えるようになるのは、奥尻での生活が一年近く経過してからでした。また、自然の厳しさ故に、罪を犯した者が出ても、なかなか島外へ逃亡することができず、逮捕されるのだそうです。

夏季は連絡船の欠航も冬季ほどには頻繁でなく、旅行者も来島していたようでした。秘境の名に違わない素晴らしい自然と歴史のある離島でした。

奇岩と温泉と海産物などに限定されただけの捉え方は、実際の秘境奥尻とは違っていると、多くの地元の方々に接してわかったことでした。

その地で生きてきた、そして生きている人々の逞しさや温かさなどに裏付けされた、誇りある歴史について、ほんの少しだけわかったような気がしていました。

汚染も破壊も無い素晴らしい島内のどこの海に入っても、ウニやアワビやワカメがいっぱいだったことには驚きました。しかも、膝くらいの水深の岩や石ころに、くっついているのです。

厳しい漁業組合の掟がありました。瀬戸内育ちの私は、そのことにも驚きました。つまり「海底のどこの部分でも、くっついている物を採ることは禁止！」だったのです。

動く物を竿で釣るなどは、おとがめなしでした。余談ですが、この奥尻島の川には、鮭は遡上しないということでした。

晩秋の頃から、島の数キロメートル沖の海面は、イカ釣船の明るい白色集魚灯で照らされ、幻想的な大きな光りの環を作りあげます。

私は、下宿の窓からそれを眺め感激していましたが、船上では、想像できないような作業が展開されていることについて、下宿の主人や家族と一緒に漁をしている子どもの体験談から知ることになりました。

水産関連の仕事に従事する人々の生きざまについて、ほんの一部分しか、わかってはいなかったのです。このことについては、「中学校勤務」の項で触れます。

島の北東端に稲穂岬があり、幾つも石積みされた「賽の河原」と言われる場所があると聞いていました。その岬に近い宮津地区の子ども宅へ家庭訪問したとき、その足で行ってみました。

右手遥か彼方には、瀬棚方面の山々、左手は白波の盛り上がる感じの水平線、目の前には地鳴りを伴って砕け散る波……風は相当のものでした。

晴れていても、一年のほとんど風速二十メートルの風が吹くと聞いたことがあります。あちこちに、打ち砕ける白波に洗われる鋼鉄船の、錆びた残骸が見え、想像を絶する遭難事故を想像し、改めて自然の脅威を考えさせられました。

この奥尻島が、想像を絶する地震と津波に襲われ、人的・物的に大きな犠牲をはらったのは記憶に新しいことです。

青苗町の火災などの悲惨な映像は、昼夜を問わず、全国に報道されました。その映像を見つつ、勤務していた島の反対側の奥尻町のことを案じていました。

震源地方向を向いた、稲穂岬に近い宮津地区や球浦地区を襲った津波は、「三十メートル近くあったのではないか」とか「大きな揺れの直後に津波が襲ったようだった」など、実際に家ごと大津波に飲み込まれ、流木に掴まり、八時間近く日本海を漂流し、救助された教え子のK子さんから聞いたのです。

彼女の「生きていて良かった！」という最後の一言に、かえす言葉が見つかりませんでした。例え見つかっても口にすることはできなかったと思います。

スポーツウーマンで体力に勝れていたのかも知れませんが、「生への執着心！」との彼女の一言は、力強いものでした。そして、救助して下さった方が、ご主人（現町長さん）だそうでした。

島には慰霊碑が建ち、島の要所には、コンクリートの高い防護壁が造られ、かつての景色とは随分変わったようです。「鍋つる岩」は健在とのことでした。

十　下宿Fさん宅

校長に案内されたのは、町議会の議長さんと奥さんの二人住まいの下宿でした。子どもさんはいらっしゃらないとのことでした。

ご主人は、議会議長さんの職責がら、全国を見て歩かれていたようでしたが、奥さんは青苗町出身で、これまで島から一度も出たことがないとのことでした。

本物の機関車を見たことがないとか、私の故郷広島へも行ってみたいなど、一生懸命に思いを言われました。ご主人は、ニコニコして聴かれていたのですが、「女房はすべての乗り物が駄目だから……」とポツンと言われたのです。

見た限りでは、はっきりした亭主関白の主人のようで、その一言の響きに、とても悲しくて、寂しそうだった奥さんの表情を忘れることができません。

そんな夫婦二人の下宿へ、不思議とごく自然な思いで、家族同然の一員として迎えられ、加えてもらうことができました。お二人の気遣いに感謝しました。

私の部屋は、階段を上った二階でしたが、海に面した窓が小さく、折角の景色が台無しだと思いました。が、このことは、冬季に解決されたのです。

道路一本を隔てて日本海でしたから、荒天時に打ち寄せる地鳴りを生じるほどの大波のしぶきは、並大抵ではありませんでした。音と振動の凄さで、熟睡できないことがありました。

冬季の寒風に当りながら行く風呂場と外便所は、結構億劫に思っていました。それで、積雪の時期には、二階の窓から失礼ながら、放水したこともありました。

大学一年の頃、男子寮の言い伝えに「月夜の晩に雨が降る……」があったことを思い出し、苦笑したことを記憶しています。寮の二階にはトイレが設置されていなかったので、面倒に思った寮生が放水したことになります。同じだったのです。

洗濯機がありませんでしたので、すべて手洗いでした。冬季には、だんだんと洗濯物が溜り、仕方無しに寒風を受けつつ、手洗いをしたものです。

二年間お世話になった下宿から、実家に帰った際、届いたダンボール箱の洗濯物を、母が洗濯して干しました。見ていた祖母（九十五歳だったか？）が、靴下、パンツ、ステテコ……と種類別の数を数えたらしいのです。靴下は八十足少々だったとのことでした。いかに洗濯から逃げていて、その都度「丸美」商店で購入していたかの証明でした。冬季の手洗いの洗濯は、それはそれは……。

下宿のお世話になって、一年程経過した頃、「お兄ちゃんが、養子になってくれないかなあー？」なんて言葉が出されたりしたことがありました。

息子さんがいらっしゃったら、歳の頃もちょうど同じくらいだったでしょう。そんな夫婦の思いを、手紙に認め、広島の両親の元へ投函されていたことや、それに対して「次男ではあるが、本人がどう思ってるか……」と返事したことも、母から聞いてわかっていたのです。

家の裏山一帯には、二抱えほどの大きさの杉や桧が、整然と立ち並んでいました。下宿の主人が「先代が三十センチ丈の苗を植林し、数十年丹精込めて作業をした結果だ」と誇らしそうに説明されました。

Fさん宅の養子になっていたら、どんな人生を……と考えそうですが、正直なところ、考えたことはありませんでした。そうだったから良かったかも知れません。

雪が融け、ワラビが生える頃、主人と伐採された杉山に入り、植林をしたことがあります。背負子の袋に入れた杉の苗を、小さな鍬で一直線に掘った穴に植え、周囲の土を足で踏みつける中腰の作業でした。

最初は結構楽しかったのですが、中腰での半日作業の後遺症は、一週間ほど残っていました。ご夫婦に「斜面での慣れないことをしたから……」と笑われたことでした。

作業しながら「今植えている杉の商品価値が出るのは、五、六十年先のことだろう……。枝打ちは誰がするのだろう……」なんて心配をしたものです。

その家の宿命的な伝統・人間性とでもいうことなのか……と勝手に思っていました。夕食の時、下宿の主人が「先のことさ考えたら、何もできんべ！　先祖が大切に守ってきたさことで、今さできることをするだけだべ！」とポツリと言われたのです。

その一言は、私の今風な、現実主義的な、ものの見方や考え方を、見透かしたような響きがありました。一言に感激し、失礼な考えをしたのだと悔いた記憶があります。

その下宿のご夫婦と隣のＳさんご夫婦と一緒に、裏山へわらび採りに出かけました。それぞれが片手に鎌を持っていたのです。ワラビを採るという表現よりも、刈り取るというのが適当であるとわかりました。茎の直径が一センチ前後で、丈は五十センチほどもあり、群生しているのでした。大げさな表現かも知れませんが、私がこれまでに経験した、ワラビ採りの常識を大きく覆したのです。

紐で十本程度に束ね、大きな鍋で湯がき、軒下に吊し乾燥させます。それが冬季の食卓の汁ものなどに調理されるのでした。冬の野菜代用だったのでしょう。

下宿の主人は、時々知人の船で漁に出て、マスや水ダコを持ち帰られました。マスは主として煮込みになったようでした。水ダコはバケツ大の頭と足の長さ一メートル、根本の太さ十センチ前後で、大鍋で湯がき、斧で適当な大きさのぶつ切りにし、陰干しするのでした。

そのタコの干物を、珍しいだろうと京都の姉宅へ送ったことがあります。調理方法について触れていなかったので、固くてどうしても噛み切れず処分した、との連絡が届いたのです。金槌で叩き、軟らかくして、焙ったり、煮たりするといい味で食べることができるとのことでした。

下宿の主人は、コーヒーにも「エッ？」と驚く量の砂糖を入れるほどの大の甘党でした。うどんに砂糖だけをかけ、「この世の春！」のような表情で、丼一杯のうどんをツルツル食べ終えるのには驚きました。「これさ！　一番だべ！」でした。

一ケ月の下宿料は七千円でしたが、毎日の朝夕と弁当作りには、奥さんは苦労されたと思っています。裕福であったと思われるのですが、生活は質素そのものでした。

とてつもない広さの杉や桧の山林を有し、議長の歳費もあり、もっと快適な生活をされれば……などと勝手な思いもしたことがありました。

長年培われてきた、生活のルールのような、強固な考え方をされていたようです。ともすると、便利さや快適さを追い求めたり、消費生活を当然と捉えたり……という自分への忠告であったのかもしれません。

貧乏の中で育った私には、下宿の夫婦の生き方から、いろんな示唆や戒めを受けているように思われ、妙に考えさせられました。

「夢や希望をいだくことと、気儘で贅沢な生活を送ることで、総てが幸せにはなりそうにない」ことについて考えるきっかけも、下宿夫婦だったのです。

下宿の奥さんが、冬休みに広島へ帰省する私に、スーツケースに入り切らない程のスルメイカを用意されたり、名物の高価なウニの折箱を数箱用意されたりで、感謝感激でした。「ウニを広島さで売れば、運賃さになるべ！」と奥さんの一言は忘れることができません。青函連絡船で本州に入り、特急に乗車して、荷物のスルメイカの匂いが、車内の乗客に迷惑では……と心配しながらの長旅でした。

お金を払えば、どこででも購入できるスルメイカですが、帰省して家族や近所の人に向けて、講釈をしたのです。焙って噛むと格別の味がしました。

奥尻の二年間で、故郷をなつかしんだことがありました。二年目の晩秋、実家裏庭の柿が届いたのです。商品にはなりそうにない、見慣れた柿でした。毎年、私が木に登って、もいでいた柿でした。

皮を剥き口に入れると、柿の甘みが口中に広がり、実家の井戸水の味と香りを思い出したのです。

また、故郷の畑で収穫された、さつま芋が届き、下宿の三人で焼き芋をして食べました。故郷の土の香りがしたようでした。

以上の二つは、単なるホームシックでもあったのです。

二年間、奥尻島のFさん宅に下宿させてもらい、多くのことを教わり、考えさせられました。

人が人として、自然体の生きることについて、深く考えさせられ感謝しています。短期間でしたが、北海道の教員になり、測り知れないほど、得たものがあり、退職までの教員生活に繋げることができました。

私が五十歳になるころまでは、年賀状での繋がりはあったのですが、突然途絶えてしまいました。隣のSさんからの年賀状に、Fさん夫婦は、本州のH市へ転居との連絡をもらったのです。

H市在住の遠い親戚との養子縁組の話を思い出しました。「奥さんは、初めて島から出かけたのだなあー」とある種、複雑な思いになりました。テレビの画面に、北海道が映し出されると「お元気で存命かなあー」と思うのです。

十一　中学校勤務

トタン葺平屋の木造校舎がLの字に建ち、生徒数の割には大きなグランドがありました。そのグランドの横を、神威山に端を発する谷地川から、年中枯れることなく清流が日本海へ注ぎ込んでいました。

一学年二クラスの全校六学級で、生徒数は二百人前後だったような記憶があります。卒業後は、進学にしても就職にしても、家業に従事しない限り島外へ出て行かなくてはならない、日本海の孤島という厳しい条件がありました。

高等学校への進学は、江差や函館や札幌方面が主だったようです。経済的な裏付けが最大の条件であったことは言うまでもありませんでした。しかし、その割合は数パーセントだったと思います。

島内に残って家業に従事する数人の卒業生以外は、定時制高等学校に通学するという条件で、内地（本州）へ就職して行ったのです。

行き先は、名古屋・大阪・石川などの紡績や自動車関連企業や鉄工関連企業でした。勤務は定時制高校通学のため、早朝勤務になっていたようです。全国から就職してきた若者のためにと、社内でいろいろな講座も用意されていたようでした。

○○君は○○会社に就職し、○○さんは高校へ通学し……と一言で語り尽くせない、大きくて複雑な心の動揺を覚えたことを忘れることができません。

広島へ帰省の途次、卒業生の職場訪問をし、様子をうかがい激励したこともありました。

中学校卒業直後の十五歳の子どもたちを、津軽海峡を越えて、就職先へ引率した辛くて悲しい思い出もあります。

修学旅行以外に島外へ出る機会はほとんどなかった十五歳の子どもたちの涙を見るばかりで、どんな言葉をもってしても、彼らの心を癒す方法は見つかりませんでした。

そんな場面が、奥尻港を出航した時、江差駅を出発した時、函館港から青函連絡船で出航した時、青森駅を特急で出発した時、就職先に着いた時、そして私が子どもたちと別れる時……そのたびごとに十五歳の彼らの流す涙の、計り知れない重さのようなものが、私の心に突き刺さったのでした。

その時の情景を、昨日のことのように思い出します。あのときの思いが教員として子どもに向かう心の底に生き続けてきました。

さて、教職員はと言いますと、職員室に校長・教頭を中心に、十一人の全職員が、机をコの字に配置していました。全職員同室の功罪は、いろいろ考えられますが、ここの学校では、最適だったと思うのです。

子どもたち一人一人の状況把握や相談や教員の実践の把握など、多くの事を与えてもらい、学び取らせてもらいました。ここでの二年間の職員との出会いは、子どもたちとの出会いと共に、私の教員生活のバックボーンになったと感謝しています。

その何人かについて、簡単に紹介してみます。最初に、十三人の子沢山の校長です。国体の卓球選手の経歴を持たれていたことを知らず、放課後卓球をすることになりました。「こんな年配者に負けるものか！」と臨んだのでした。

しかし無残にも数分で打ち砕かれました。校長のサーヴを一本も受けることはできませんでしたし、キリキリ舞いさせられ、汗びっしょりになりました。校長は息の乱れなど無く、涼しい顔でした。「見かけで人を判断してはならない！」と肝に命じ、校長の卓球指導を機会あるごとに受けたものです。

足寄高校でも夫婦の先生が勤務され、いい雰囲気を職員室にかもし出していましたが、奥尻中学校にも、夫婦の先生が勤務されていました。数学と家庭科の先生で、机を並べての勤務でした。子どもたちも保護者も職員も違和感なく、好ましいとの見方であったように記憶しています。

十一人の職員で、特に親しくして頂いたのは、M先生でした。一週間の半分くらいは、先生宅に寄ってから下宿に帰っていました。風呂をもらい、二人の子どもの相手をしたりといった具合でした。

下宿に帰ると、夕食が膳に置かれ、覆いをかけられていました。夫婦だけの家族ですから、夕食を五時には始められ、寄り道しなくても、その時間には帰れなかったのです。

そのM先生とは、今現在に至るまで年一回程度の音信は続いています。広島に戻ってから、一度だけM先生に会う機会がありました。M先生の退職一年前の研修旅行で、広島を訪問された時でした。

三十年近く会っていないのですから、お互いわからないであろうと不安はありましたが、平和公園の原爆資料館入り口を待合せ場所にしました。

慰霊碑の方向から、資料館に向かって歩を進める十人前後の集団の一人の男性に気付き、「もしかして……?」と思って眺めていました。百メートルほどの距離だったでしょうか、急にその男性が、こちらに向かって走り始めたのです。

「M先生だ！」と直感できました。お互いに「間違いない！」と思ったのでした。三十年振りの再会で、懐かしさと嬉しさで感激しました。ご一緒の方々は、渡島・桧山地区の校長先生で研修旅行の一行だったのです。

広島に着くまでの道中で「お互い見間違えてさ、再会までに苦労するべさ！」と話題になっていたようでした。一発再会に「参ったべさ！」を連発されました。

資料館見学後のM先生は、一行とは別行動になり、私の家に泊まられることになりました。夜が更けるのも忘れて話し込んでいました。

翌日の十六時広島空港発、函館行き飛行機に乗り遅れないように注意しながら「旧軍港都市呉」や「音戸の瀬戸」、「旧江田島海軍兵学校」などを案内しました。

M先生はとても声が大きく、威勢もよく、体育が専門で、数学も担当されていました。何をするにも、妥協が嫌いだったようで、一生懸命だった姿から多くのことを学ばせてもらいました。

再会後のここ数年、手書きの北海道の絵の入った年賀状が途絶えていて、気になっていましたので、電話をしました。「M先生は脳梗塞、奥さんは脳血栓で通院リハビリの最中」ということでした。

あの元気な熱血先生が……まだ定年退職後間もないのに……と複雑な思いになりました。数年前、年賀状の変化に気付きつつ、連絡もしないまま、函館を起点に北海道旅行をしたことを悔いたのでした。M先生宅の近くを通過していたのですから……。

ユニークだったT先生の記憶も忘れることができません。昭和四十年前半頃、北海道教職員組合は、全国の先頭に立って組合活動を展開していたと記憶しています。単に主義主張だけでなく、厳しい自然条件や地理的条件などを踏まえた、生活のかかった闘争でもあったように思います。

T先生もまじめな組合員でした。組合本部の指示により、管理職の二人を除いた教員九人は、半日のストライキに突入しました。彼は支部長の役を担っていたのです。統一行動後に、教育委員会の「停職処分」がT先生に出されました。その他の教員へは「戒告処分」が出されたと記憶しています。札幌のスポーツセンターでの集団審理に出かけたときは、組合団結の力強さとスケールの大きさに驚きました。

処分の出された翌日だったでしょうか、T先生は、停職処分期間中、上ノ国の実家へ帰省されました。笑顔が素敵な、お酒が入れば、とても陽気になられる楽天的な、スケールの大きな国語の先生でした。

T先生は世話好きだったようで、冬季の運動不足解消のために、教育委員会建物に併設された体育館へ誘ってくれたものでした。

実のところは、私を教育委員会勤務のNさんと引き合わせる意図があったのでした。彼の親切心だったのでしょうか。そのことがわかり、体育館への行きづらさを味わうことになったのでした。

ここで再び、子どもたちのことに話を戻したいと思います。

漁師の家庭の子どもたちの中には、「帰宅して、浜に干したイカの取り入れなど手伝い、陽の沈む夕方には、親父や祖父と海に出て、翌朝太陽の昇る直前に帰港し、僅かな時間の睡眠をとり、登校して来る」と話す子がありました。

淡々と話すその子は、授業中のほとんど眠っていることもありました。彼の生活実態を知らない私は、当初「なんしょうるんじゃあー。眠っちゃあいけんじゃろうがあー」などと、大声で叱ったものです。実は、一人前の働き手だったのです。

次のようなこともありました。授業の最中、急に雨が降りだしました。子どもの半数以上が、無断で室内から走り去って居なくなったのです。教室に残ったのは、保護者が公務員などのサラリーマンや商店の子弟などでした。

「こらあー。待てぇー」と言う間もない短時間の出来事です。残った子どもたちは、私の方をニヤニヤしながら見ていました。一人の女子生徒が「先生！　心配しなくても、そのうち戻ってくるよ！」と言うのでした。

理由は教えてくれませんでした。授業を続行しながら、彼らが戻ってくるまでの時間を測っていました。

早い子どもで二十分、平均で四十分、最も遅い子は、次の授業が始まって戻って来るのでした。学校と家との距離が関係していたことが、職員の説明でわかりました。

家の前の浜に干したイカを取り入れるための帰宅だったのです。雨に濡れカビが生えると商品価値が大きく下がります。一家総出の家業であることが、少しわかったような思いでした。

そのことをもっと知ることになったのは、保護者が漁業に従事される家庭を訪問した時のことで、未だに忘れることができません。

五月、一年の担任として、家庭訪問を迎えました。宮津地域のある生徒宅を訪問しました。

戸を開けて「ごめんください。中学校の池本です。家庭訪問にお邪魔しました」と言うと、「上がられい！」と聞き慣れない言葉がかけられて驚いたのですが、どこに上がればいいのかと迷っていました。

上がる隙間もない程、玄関には、浜から取り入れて乾燥したスルメイカが、山のように積まれていたのです。

主人が両足で、そのスルメイカをグイッと押し分けてスペースを作り、母親が座布団をそこに敷くのでした。「なるほど、そこに上がって座るんだな」と従ったのです。

次に出されたのは、コップと一升瓶の酒でした。つまみはそばに山ほどつまれたスルメイカを千切って口にするのです。とてもいい味でした。

子どものことについての話より、広島から来た私への質問と、家系図を広げて先祖について語る説明が主だったように記憶しています。

「今は漁師をしているが、先祖は○○家で、自分は○○代目なのだ！　理由あってこの地で……」など、誇らし気でした。

そんな話の最中も、干したスルメイカの縮れたミミのまわりを、手で引っ張り、足の踵で引き延ばす作業は続行されていたのです。十枚一組をスルメの長い足で括り、ダンボールに入れ、漁業組合から出荷されるのでした。

どの室内の天井にも、浜から取り入れた半乾きのスルメイカが、一面にぶら下げてありました。特に冬季、子どものそばに行くと「スルメイカ」の匂いがするのですが、その原因を、はっきりと握むことができた思いでした。

その時期でしたか、下宿の主人から、次のような漁業従事者のあることを知らされ、言いようのないショックを受けた記憶があります。

漁業に従事はしているが、何かの理由で自家用の漁船を所有していない方があるということでした。他者の漁船に同乗させてもらい、操業し、分け前を得るのです。おのずと家計は苦しいものであったろうと想像しました。

そんな家庭の子どもの中には、昼食時の牛乳を、注文していないのに二本も飲むものがあり、他の子の分が不足することもあったりしたのです。

体育の授業を制服で受けて埃だらけになる子ども、その授業のある日は必ずと言っていいほど欠席する子どももありました。

何割かの子どもたちが、雨が降り出すと一目散に走って授業からいなくなる理由もそこにありました。降雨になり、子どもたちが走り去る姿を見ながら、「生活が懸っているんだなあ！　わかっているんだなあー！」と思うようになり、何だかウルウルした気分にもなったのです。

これまでの自分の体験や見聞には無かったような、生きることの証とも思えるような、多くの貴重なことを教わりました。

家庭訪問では、保護者が素朴な歓待をしてくださり、二～三軒訪問したら酔っ払ってしまい、気が付いたら下宿で眠っていたということもありました。設定された家庭訪問期間では、全家庭の訪問を到底終了させることができず、その後の土日を充当したことがあります。

授業では、私の担当教科は、十二時間の音楽以外に、無免許の地理と美術の担当が決まっていたのです。地理は、小学校からずっと好きな科目であったし、一生懸命予習したらどうにか……と思いました。

ところが美術については、不得意科目の最たるものでしたから、子どもたちへの申し訳なさで一杯でした。美術の時間が回ってくる一週間の早いこと！　とにかく精神的にも疲れました。

授業参観日があり、私の担当は一年生の地理でした。教室の中、そして廊下にも、多くの保護者が参観に来られたのです。「なんでじゃあー？」と思うと同時に、少々緊張しました。

「面白い言葉を使う先生の授業を参観しよう」と保護者同士が話されていたことを、参観終了後に、子どもたちが教えてくれました。広島弁が珍しかったのでしょう。他の学年の保護者も相当数あったようでした。

内容がちょうど「瀬戸内海の工業及び産業など」だったことも幸いし、終始笑いの中で参観が終了しました。瀬戸内の代表的農作物「さつま芋の作り方」について、苗床作りから順次、図入りで展開したのです。

子どもたちも、保護者の多くも、初めての内容だったようでした。蔓反しの意味やさつま芋掘りでの失敗談や澱粉工場周辺の芋の絞りカスの強烈な匂いなども印象に残ったようでした。

本蔓から伸びた葉のついた枝蔓を、戦後の食料難で、嫌と言う程食べた経験を話したところ、授業終了後に「味は蕗に似ているのか？」と保護者が尋ねてきたのでした。

そんなこんなで、良くもあり、少し重く感じることもありましたが、島内での話題の先生になったりもしていたようでした。

音楽の授業で、リコーダーを取り入れ、希望者を募り、「ブロックフレーテアンサンブル」を編成し、放課後や土日に練習しました。

ソプラノリコーダーは子どもたちが所有していたのですが、アンサンブルの視点からすると、アルトやテナーやバスのリコーダーも必要になります。

結果的には、二管編成の木製のS・A・T・Bリコーダーを自費購入し、希望の子どもたちに使用させたりもしました。ラジオの「僻地の音楽」で紹介されたこともありました。

音楽の鑑賞は、移動式プレーヤーにレコードをのっける感じで、いい音がするはずもありませんでした。レコードもひどい状況でした。

「この地域の子どもたちにこそ、いい音楽を聴く機会を作ってやり、心の高まりを……」と願っていたのです。予算配分など期待できず、自費で、ステレオとレコードを、学生生活を送った街の楽器店に注文し購入しました。

二つのスピーカーから流れ出る「日本歌曲」「イタリアカンツォーネ」「椿姫アリア」に、子どもたちは、ざわめきました。正解だった、と自分で納得しました。

三年生には、イタリア語の「椿姫」の日本語訳を用意しました。アリアなど部分的な訳を謄写版印刷し、鑑賞しました。

「もう一度聴きたい！」と、放課後、担任の先生と一緒に鑑賞した子どもがいました。

後日、全曲の日本語訳を用意することになり、随分の時間を費やしたことがありました。

子どもたちが使った「椿姫全曲日本語訳」のガリ版作り冊子は、奥尻中学校を退職し、広島に帰る際に、大切に持ち帰り、高校生対象の音楽鑑賞時に活用しました。

奥尻中学校に赴任した夏季に、大学の後輩五人が北海道旅行のコースに、奥尻島を入れて訪問してくれました。声楽二人、打楽器一人、木管楽器一人、ピアノ一人のメンバーでした。

「全校生徒対象の音楽鑑賞会」の急な提案を校長に申し出たところ、職員も全員が賛成で実現できました。ところが、アップライトのピアノ一台しかありません。打楽器奏者用のマリンバ（木琴）もスネアー（小太鼓）もありませんでした。

小学校へ木琴（ごくありふれた）を借りに、K先生が車を走らせ調達できたのです。独唱・二重唱・ピアノソロ・木琴ソロ・クラリネットソロによる、子どもたちの興味がありそうなポピュラーな曲目での演奏会になりました。

快く応じてもらった後輩諸氏に、再会できたことも含めて、とても感謝しました。奥尻島訪問メンバーの中の二人は、現在大学教授として教鞭をふるわれています。

次に、今で言う「ゆとりの時間」になるのでしょうか。私の勝手気ままに思える学級活動の一部分です。

過ごし易い季節の土曜日三時限の学級活動は、グランドのそばを流れる谷地川の河原で、子どもたちと時間を気にせず飯盒炊飯を実施し、午後はグランドで思い切り遊んだものでした。

その時の子どもたちの屈託ない表情は、年齢相応な正真正銘の子どもそのものの姿でした。そして浜に干したスルメイカを取り入れる時刻には、決まったように急いで帰って行くのでした。

そうこうしながら、夏季休暇になります。期間は、八月一日〜八月二十日あたりでした。それぞれのお手伝いが終了した頃合に、かなりの数の子どもたちが学校にやって来て、目いっぱい遊んだりするのでした。

職員の日直当番があったのに加えて、教員のほとんどが隣接の職員住宅に居住していたので、声がすると、気軽に子どもたちに応じるなどしていました。宿直の方は、校舎敷地内の宿舎に住む校長の任務であったことが、足寄高等学校との違いでした。

冬季休暇は、十二月二十日〜一月二十日あたりだったと記憶しています。夏季冬季の休暇の取り方に、自分がその地で生活してみて、なるほどと納得できました。

広島へ帰省した際、休暇に期間のずれがあることで、同級の教員たちとの再会や教育談義などに制約が生じたとき、自分は北海道の教員だ！　奥尻へ戻るか！という思いをした記憶があります。そして船上から「鍋つる岩」が見えた時、「帰ったなあ｜」と思い、更に下宿の自分の部屋に入った瞬間「何かしら落ち着く気分」だったのです。

奥尻中学校に勤務し、出会った生徒の中から、プロ野球の選手が生まれたことを、広島で知りました。それ以来、パリーグのファンになったのです。彼はいろんな意味で、奥尻の英雄です。


子どもたちが、最も楽しみにしている修学旅行について、簡単に触れてみます。

豊漁か不漁かによって、島全体が影響を受けたようです。天候に大きく左右される自然が相手でした。

豊漁の年には、奥尻空港から函館空港まで、飛行機での修学旅行もあったり、不漁続きの年には、中止ということもあったとのことでした。

豊作になって欲しい、豊漁になって欲しい……の切なる願いとは逆の結果も伴う、厳しい自然との闘いを知らされた思いでした。


神威山の中腹から山頂にかかる開拓地からの生徒は、平生は自衛隊の車に乗せてもらって登校していたようでした。スクールバスも兼ねていたのです。

冬季の雪の状態が良好な朝、三年の男子生徒数人が、スキーで滑降し登校する姿にはびっくりしました。一シーズン中に、一度か二度、あるかなしかの珍しいことでした。

廊下の窓の高さまで積もった雪に、スキー板とストックを突き立て、付着した雪をはたき、「ドスン！」と音を発て、直接廊下に入ってきたのです。

下校時には、スキーをかつぎ、他の子どもたちと一緒に、自衛隊のトラックに乗せてもらい、開拓地に帰るのでした。子どものスキー能力に対する保護者の正確な判断が大切ということでした。


次のような貴重な体験もありました。テレビの画面では、何度も見た光景の中に自分の姿を映す思いでした。

校舎屋根の雪降ろし作業のときのことで、懐かしく思い出します。道南の渡島・桧山は、東北地方に近い状況だったのでしょうか、北海道の中でも積雪の多い地域だったように思います。

日曜日の朝、屋根に梯子をかけて、四人上がり、下には四人が待機し、それぞれ雪掻き用のスコップを手にしていました。平屋建の校舎とは言え、高所恐怖症の自分には、少々勇気が必要でした。

T先生はいつものように、ニコニコはしゃぎながら、M先生は馬力にまかせて遠くへ雪を放り出し、I先生は黙々と上から下へと三回に分けての作業をし、私は、スコップで切り取った雪面が紫色、黄色など、とても綺麗でしばらく見惚れていました。

先生方は全員サングラスでした。私だけ裸眼だったのです。眩しくて無意識に眼を細めていたのです。太陽が燦々と降り注ぐ一面雪景色の中では、眼を保護しないと大変なことになることも教えられました。

下から校長先生が、サングラスを投げてくれました。零下五度前後の気温の中での作業でしたが、なんと暑いの暑いの……。上着を一枚脱ぎ、二枚脱ぎ……最後は上半身裸の先生も出現するのでした。上半身から湯気が出ているのです。手にだけは防寒用手袋をしています。

「今日はさあ！　片面で終わるべや！」と威勢のいいM先生の掛け声があり、本日終了、となり屋根から降りることになりました。

ここからが大変でした。屋根はトタンですから、雪降ろし後に残った少しの雪にも足を取られて滑り落ちることになるのでした。

梯子は降りる時には不要でした。

屋根上の四人は、童心に戻ったような歓声をあげ、次々にスコップをかざしてダイビングするのでした。三人は見事足から着地（着雪？）成功！　四人目のT先生は、大声で歌を……と見ていたら、屋根のはしっこに足がひっかかったようで頭から、降ろした雪を目掛けてスッポリ……。

笑っていられない事態であることは、瞬時にわかりました。下の先生たちが急ぎT先生の所へ寄り、四人がかりで、ひっこ抜いた！のです。T先生は顔中雪だらけで、鼻の穴は雪が塞いでいました。

何事にも至らず、全員ホッとし、顔を見合わせました。T先生は「参ったべさ！」とニコニコ顔でした。顔の表面が赤くなった程度でした。

積雪の多い地方での、屋根の雪降ろし作業の際は、上と下に分かれて複数で行い、細心の注意を払うことだということも教わりました。

毎年、豪雪地方の雪降ろし作業中に亡くなられる方々のことがニュースで報じられます。数回の雪降ろし経験でしたが、その危険性について教わったのです。

職員室に戻ると、「そろそろ始めるべか！」何をなのか、わかりませんでした。「池本さん！　机の上さ、新聞紙で覆って！」と家庭科のS先生から声が掛かりました。夫婦先生の奥さんの方で、雪降ろし最中に、いまから始まることの用意をされていたようでした。

「これ楽しみだべさ！　健康美容食だべさ！」とI先生（技術家庭）の説明とも謎かけともつかぬ言葉が私に向けられたのです。

ジンギスカンでした。五キロの羊の肉は、S先生の夫の先生が昨日購入され、宿舎でタレに浸してあったのだそうです。チームワークの良さに、恐れ入ったことでした。

地域性はあるのでしょうが、この地では、何か、複数での作業やスポーツなどがあれば、暗黙の了解事項のようにジンギスカン鍋を囲むのだそうです。

翌朝、「先生さあ！　やったべさあー！」と職員室前で生徒の声が聞こえるのでした。子どもたちにとっても、ジンギスカン鍋はポピュラーで、匂いには敏感なようでした。

新聞紙で机を覆ったのは、匂いと飛び散る油対策だったこともわかりました。生活の知恵と言うか、その手際良さには脱帽の思いでした。北海道の奥尻だったからか、とてもうまいものでした。

雪降ろし作業は、下宿でも経験しました。下宿の奥さんが「お兄ちゃん！　屋根に上がってくれんかなあ！　襖が動かないさあ！」と二階の部屋へ声を掛けられたのです。

下宿の雪降ろしは二階部分もあり、少々ビビリました。しかし、だんだん慣れ、下は降ろした雪だし、頭からでなければ、落ちても大したことないだろうと思ったのです。

重いのなんの！　スコップで五十センチ角に切り取った塊を下へ放り投げるのですが、積もった雪の重さに驚きました。

二階部分の屋根から始めたのですが、道路一本を隔てた先は日本海ですから、校舎の屋根に上がった時とはまるで違う眺めに驚嘆しました。雪降ろしをしながら、海を眺めて、なんとなく地球の丸さを感じたことでした。最初で最後でした。

作業と言えば、雪融け後の屋根のペンキ塗り、割れたガラスの寸法に合わせたガラス切り、グランド整地や除草作業、トイレの汲み取りがありました。

難しかったのは、ガラス切りでした。線通りに切ることができず、オールマイティーのM先生の助けを借りたものです。

そんな作業を、職員はごく当たり前のようにこなしていました。広島に帰ってから、改めて思い出して感激したものです。

次に熱血M先生と行った「アワビ漁」の話です。

M先生のオートバイの後部座席に乗せてもらって、レーダー基地の神威山を越えて、島の反対側の幌内海岸に出ました。レーダー基地を過ぎると、細いジャリ道になっていました。海岸から五十メートルほどの所に、温泉が湧いていることも知りました。その温泉は露天で、穴を掘り、周囲を小石とコンクリートで固めたものでした。

道路などの工事関係者が仕事を終えて、ホッとされるための温泉だったようです。「誰さが入ってもいいだべ！」とのM先生の誘いで、帰路にちょっと入湯させてもらったのです。

生い茂った樹木の枝と蜘蛛の糸を掻き分けて、湯の湧き出る地点に到着しました。衣服を脱いで木の枝にぶらさげ、入浴の体勢をとったその時、線を描いて水面を移動する物体があり、肝を冷しました。

M先生は、とっくに湯の中にひたっていました。「どうしたべや！」との声に「白い蛇が泳いじょるがあー」と訴えたのです。「ここはさあー、暖かいべさ！　一年中いるべさ！」と、あっさりした返答でした。

「毒性はないので、一緒に入ればいい」という説明で、入りはしたものの、おっかなびっくりの心境でした。結構熱い温泉でした。私は、長いニョロニョロの生物が、大の苦手だったのです。

アワビ漁ですが、海岸に到着し、M先生が潜ってアワビを採り、私は陸で木切れを集め、焚火をすることになりました。

アワビは、水深一メートルばかりの岩や石ころに密着しているのだそうです。適当な大きさのアワビを、ヘラのような器具で剥がして採るとのことでした。

ネットを紐で腰に結んでM先生は海の中へ……。指示通りに木切れを集め、焚火を始め、暖をとっていました。二十分ほど経過して、M先生が膨らんだネットを手に、焚火の近くへ戻ってきました。そのネットを草むらの中へ置き、三十分ほど暖をとり、「旗さ立てた船が来たら、手を振るべし……」と言って、また海へ戻って行くのでした。

半島の先から旗を立てた船が見えたので、一生懸命にM先生へ向けて手を振ったのですが、続けて潜っていたのです。船がM先生の横に止まり、何やら会話していました。

船が岸に着き、二人の男性が焚火のそばに来て「M先生さ、もうそろそろ止めるべさ！」との言葉に「うんだなあ」とM先生の返事でした。「それば、海に返すべ！」と二つ目のネット内のアワビは海の中へ……。

二人の監視員の船は遠ざかって行きました。「また○○の親父に見つかったべさ！」とM先生笑っています。密漁だったのです。監視員の一人は、担任生徒の保護者だったようです。

M先生は、密漁のスリルを、私を伴って味わっていたようにも思えました。それにしても、手慣れたものです、ちゃんと獲物はゲットしていたのですから……。

M先生宅で、刺身や茹でたアワビをおいしく頂き、下宿へお土産までもらったのです。奥尻島から、日本全国へ稚アワビが出荷されていることなどについて、下宿の主人から講義を受ける羽目になりました。「密漁厳禁！　見てても同罪！」を肝に命じました。

回顧する時、若き日の、とても楽しい、大切な人生の一ページとなっています。多くの方々や二度と経験できない素晴らしい自然に感謝！　感謝！です。

十二　帰省と再度大学への思い

奥尻島での二年間は、足寄町にも勝るようなビッグな「人としての財産」（強さ・逞しさ・温かさ・優しさなど）を頂くことができました。その後の長い教員生活の宝物になったと思います。

教員として、また一人の人間としての弱さや足りないことについて、優しく教わった思いです。

そんな中で、教員として、子どもたちが「あっと驚くような一つの能力や技能をもつ！」という思いは、この時期が最も強かったと記憶しています。

教員になってから専門の楽器（フルート）演奏の技量が低下したことは、最大の悩みでした。土曜日の午後や日曜日など、ガランとした教室で、自分なりに練習を反復したのですが、すればするほど、技量の低下がわかるのでした。

就職三年目辺りが、最初の行き詰まりになるであろうと、予想はしていたのですが、自分がその真っ只中にいたわけです。

悩みに悩んだ末、できれば卒業時点の演奏技量に戻したいと考えるようになり、そのただ一つの目的で、大学（音楽科専攻科）を再受験しました。

運よく学生に復帰でき、一日のほとんどを練習に費やし、少なくとも卒業時の段階に戻すことを目標にしたのです。従ってその他の講義には出ず、終了資格も得ることはありませんでした。

その年の広島県教員採用試験に挑戦し、教員に採用され、郷里で多くの子どもたちや保護者や地域の方々との触れ合いを大切にする日々が始まりました。

一方で、楽器演奏技量の低下を防ぐ努力はしましたが、北海道の時と同じように、気にはなりつつ低下し、仕方がない……など横着心が働くようになり、諦めに近い思いにもなって行く自分がありました。

奥尻島から、帰郷しようという考えになったもう一つの理由は、両親の高齢化への心配であったのでしょう。と言うのも、兄は郷里を離れて他県で教職に就いていたからです。

下宿のご夫婦の「お兄ちゃんが養子になってくれたら……」との言葉に、明確な意思表示もしなかったことは失礼だったと悔いています。

学生に戻ることを理由に退職し、三月末に離島することになりました。唄にも映画にも出て来る「連絡船での別れ！」は、実際に体験してみると、それは大変複雑で、二度と経験したくないものです。

埠頭での握手や別れの会話や……そして乗船して繋がるテープ……。ドラが鳴って、ロープが解かれ、ゆっくりと船体が動きだします。防波堤を出るまでは、超スローの遅さですから、見送りの子どもたちなどの表情が、かなりの時間、涙目にも、手に取るように見えるのです。

こんな複雑で悲しい別れは、無い方がいいし、しない方がいいと本気で思いました。船上から、二度とお目にかかることがないであろう、「鍋つる岩」や「レーダー基地の神威山」が見えなくなるまで、寒さも忘れて眺めていました。

やっと船室に入り、疲れがどっときたようで、眠りに落ちました。船酔いをしなかったのも眠りのおかげだったのでしょう。

江差駅から、一両編成のディーゼルカーに乗車しました。「二年前の同時期には、函館行き上り列車とは反対方向の、江差行き下り列車に乗っていたんだ」などと複雑な思いを、走り去る車窓の景色に重ねていました。

北海道に赴任の三年間で、初めて昼間の青函連絡船に乗船できたのです。それが退職して北海道を去る日でした。

この時期、珍しく快晴で海は穏やかでした。デッキからの津軽半島や函館山などの眺めは、新鮮そのものでした。海の色は濃いブルーでした。連絡船の横を、トビウオやイルカが競争でもするかのように、飛んだり、潜ったりするのです。

「北海道を後にするんだ……」という、複雑な感傷を抱いた私への、素敵な最高のプレゼントだったように思ったことです。

「学生に戻る……」という言葉が、子どもたちの多くに、「専攻科終了後には、島に戻って来る……」と思わせたようで、帰省後の一人一人への手紙の内容へ、謝罪の意を添えました。

十三　最後の勤務　Ｏ高等学校へ

昭和四十年、北海道からスタートした教員生活も、残こすところ三年になり、最終勤務への思いを新たにしていました。四月の人事異動で、校長として、県西部のＯ高等学校に赴任しました。そこでは、私の育った家庭や小・中・高・大で受けた教育環境と北海道で得た教育への熱と行動力でもって、教員最後の勤務を、自然体で、五十一人の先生方と、生々と過ごせたと思い返しています。

出合うことのできた、多くの生徒や保護者、地域の方々の支援を得て、最終勤務の高等学校で教員生活への締めくくりをさせてもらうことができたことへの感謝の念は格別です。

校長就任よりも前に、初めて教頭に任用されたときのことでした。私の教頭任用は「異例の人事だから……」と県教育委員会から校長に伝言があったのでした。たしかに、教員生活を回顧してみると、教育委員会や管理職にとって従順な教員ではありませんでした。「子どもたちにとってプラス」という思考に偏り過ぎ、時には造反と思われるような言動もありました。

教頭として配置された勤務校は、いろいろと大変な課題が山積していました。私の教育観を疑われるような、否定されるようなこともあったのです。結果的には、私自身の成長にプラスになり、辛かったけれど、ラッキーであったと今は思います。どのような教育観を有し、どのような人柄の校長と出会うかによって、人生に大きな差異が生じることも痛感しました。私を教頭から校長に推薦された前校長の決断に敬意を払うと同時に、期待に違うことのないように専念することを胆に命じたことを忘れることができません。

異例の人事で教頭にあった私を校長に推薦するに際しては、勇気も必要だったでしょうし、大きな賭けをされたことでしょう。

赴任予定校で引継ぎに指定された三月二十八日、学校を訪問し前任校長と面談しました。指定された時刻より早く着いたので、車を降りてグランド方向に視線を注いだとき、唖然として言葉もありませんでした。

「教育委員会の職員が、そこら辺りを語ろうとしたのかなあ?」と後日思ってみましたが、そのときは説明をことわり、自分で確かめてから、と思ったのです。

初めて降り立った、教員最後の勤務になる予定校で、見て感じたことを正直に回顧してみたいと思います。

バレーコートにも広いグランドにも草が高く伸びており、テニスコートに歩を進めると、霜柱が立ったように浮き上がった表土。バックネット前に三人の野球部員らしき生徒。周囲の樹木は伸び放題。庭園内は草もぐれ、という有様でした。

校舎中ほどの入り口から、校舎内へ歩を進めると、出入口周辺に新聞や書籍などが山積み状態。廊下や階段は想像を絶する汚れとゴミの散乱。春休みだから、と思うようにしました。それにしても、生徒のクラブ活動の声や姿がなかったのです。

汚れた学校での勤務経験はありましたが、見たくないことでした。春休みでも午前中は、クラブ活動をする元気な生徒の声が溢れているものと思い描いていました。

廊下や中庭ですれ違う職員の妙な雰囲気（校長は敵という認識であったようです）などにも驚いたものです。

引継ぎのときの校長の言葉に、教職員や子どもたちや地域のことを評価するものは無かったように記憶しています。その点では、教育委員会の捉え方と同じだったのかもしれません。

四月二日、県教育委員会で校長任用の辞令交付がありました。教育委員会事務局員から、「これから校長として赴任する学校の状況説明をする」との一言がありましたが、結果的には、一言ないし二言聞いた時点で「もう結構です。先入観をもっての赴任は、職員に失礼になりますし、実際自分で確かめてからにしますから」と断りました。

新米校長の勤務に役立つようにという配慮だったのかも知れませんが、「西の東部校」という指摘に匹敵する教職員の悲惨な状況や子どもたちの思わしくない実態に加えて、地域社会から「廃校も……」などの声があると聞くことは実に嫌でした。

赴任してからは、その直後から、登校状況の把握と地域住民との交流などの意図で、路のゴミ拾いを兼ねて、校外へ出ることを継続しました。

当初、地域の方々から出された声は、概ね次のようでした。「学校は、何時に始まって、何時に終わるんの？　一日中、生徒が往き来しようりますが」とか「歩きながら煙草を吸っちょるんで、注意しようもんなら、車に傷がついたり……怖いもんですよ！」とか「卒業しても、大学へ進学は思うようにできんのだそうですね！」「服装や髪や化粧は、自由なん？」「先生らは、よう指導せんのですか？」「生徒を指導しよう る先生らを、町中で見たことはありませんけんのお！」「地元じゃあ、行かせとうない学校じゃと言うとりますわい！」など、登下校する生徒の姿や格好などから、学校全体の低い評価がありました。

予想はしていましたが、地元の方々の遠慮なしの声でした。強烈であっただけに、「やるしかない！」と自分に言い聞かせたのです。

また、地元企業からの求人に応募した生徒が不採用になり、そのときの学校の対応に、「怖い教員集団という強烈な印象を抱いた」などと話される方もあったりしました。

以後、地元企業などから、就職希望生への求人はほとんど無い状況が続いているとのことでした。教員の主義主張が偏っていると思われ、受け入れられなかったのでしょう。

また、いろんな要因が重なっていたのでしょうが、教育委員会や管理職を敵対視する傾向が強い教員集団でもあったのでしょう。

雨天時に、校長の机がグランド中央へ出されていたり、いろんな校長への威圧言動があったりなど、地元の方々は把握されていたようです。合わせて、教員の服装の乱れなど外見上のことも、不評への拍車をかけていたようでした。

結果的に、地元出身生徒が僅かしか受験しないことから、市外からの通学生が七割を越えた地元遊離の、迷惑な存在の学校と思われていたようです。

ついには、「管理職を含む教職員の人事について、地元の有志が県教育委員会事務局へ要望をされた」などといった噂も流れたとのことでした思い違いだったかも知れませんが、赴任直後に地元の方から直にそれらを聴くことができたということに、僅かな期待を抱いて貰っているのでは……と考えたりしたのでした。新聞発表で人事異動欄に私の名前を見つけた、妻の高校時代のある恩師から御祝いの電話がありました。主な内容は、「西の東部」と言われる学校で職員も生徒も大変なようですから、勤務を辞めたいなどと言われるときは中途退職させるのもいいのでは、ということだったとか。

「西の東部」の「東部」とは、組合的主義主張などが明確で、いろんな運動や活動が顕著であった東部地域を指していたのです。個人的には、必ずしもすべてが妥当な表現でないと思っていました。時と場所を問わず、大切にされなくてはならない教育内容を含んでいた点を評価していた一人です。時期的に主義主張が先行し過ぎ、築き上げられた教育のバックボーンさえ見えなくなってしまっていたのです。

教育界で一時期、東部の主張は、全地域の公教育を動かすほどの影響力を保持していたと思っておりました。

教育行政が躍起になり、教育の是正・改革目標をかかげてありとあらゆる方策を延々と講じてきたのです。その反動として、新たな教育現場に多くの課題が生じ、それを払拭し切れない実情が今日も続いています。その状況が何時まで続くのか憂慮されます。

東部地域が、是正や改革、修正に動きだし、効果も出始めて、かつての勢いがうかがわれなくたったと言われた時期に、依然としてその路線を堅持しようとした教育現場を「西の東部」と表現されたのだと聞きました。

辞令交付の四月二日の午後、校長に対する着任交渉とやらのセレモニー？で全職員の待っている高等学校に赴任しました。

十四　教員五十一人との出会い

着任して、全職員へ挨拶し教育についての持論を述べました。その概要は、「子どもたちのための最前線は教職員である！　基本的に教員を信じて、教育実践を委ねる！　一生懸命の教育実践でのトラブルなどは校長の責任である」と言明！　「校長として、できないことを要求するな！」「教職員の責任放棄に対しては、毅然とした姿勢で望む！」「学校は子どもが主役であることの確認！」「地域に学校の実態をオープンにし、連携を大切にする！」「クラブ活動の育成に当たる！」「労作教育の重視！」「生徒の進路確保への努力を要請、校長自ら求人依頼に奔走する意思表示（五月から実施）をする！」などでした。

職員から、前校長原案作成の「主任命免不満」や「校務分掌についての不満」や「人事異動不満」や「校長意思表示の教育理念再確認」などについての質問が出されました。

これらは、組合交渉（着任交渉）としてではなく、新年度からの教育実践に向けて、教員にしてみれば当然の質問であろうと思われました。

自分のこれまでの教育実践をベースに、誠心誠意答えたつもりです。前任校長の話では、ここ何代か校長との着任交渉は、悲惨なものであったということでした。

子どもの教育を基本にした、いいスタートが切れないと、校長在任中ずっと尾を引くことにもなったとのことでした。

ある学校に赴任した際の、半年間継続された着任交渉の経験が幸いし、冷静に、教育についての持論（実践を伴うという条件付）を外すことなく、受け答えできたと思っています。

ある教員の強い希望で「主任と担任の兼任可否」が提議されたのです。予期できないことで、新米校長即答できず、会を中断、県教育委員会担当者へ確認の電話を入れました。

「校務運営ができると校長が考えれば是」との一言でした。元来、主任制度導入には、消極的であった自分ですから、校長判断で兼任を認めたのです。この県とのやりとりについても、校長が県教育委員会へ本当に連絡をしたか否かについて、ある職員が確認をしていたらしいのです。

従来、教職員からの質問や抗議などに対し「県に尋ねてみる」とか「県に行って来る」とか「県の言うことですから……」と、校長が述べてきたようでした。校長のそんな言葉に職員は、「虚偽だ！」と捉えていたようです。だから、半信半疑で「県へ確認の連絡を入れた」のだそうです。

「職員の適性から校務分掌再考要望」については、基本的に、「担任は誰でもできるはず！　しんどいから、と避けることは間違っている！（実際は大変であったと思います）」と担任重視、優先の考えを伝えました。

「子どもがおればラッキーだよね！　一致協力し、やるしかないじゃあー！　先生方がせにゃあー！　校長のできることは、しれとるがあー！」で終わった記憶があります。

その直後、校長室へ組合執行部四名が訪れて、「確認書と申し入れ書」を持参し、受け取るようにと要望がありました。「できんことは言うちゃあいけんがあー」で、子どもにとって現状はどうか、どうしたらどうなるか、について質問をかけてみたのです。

結構前向きな考えをもった教員があり、実践力も持っている教員集団であることが少し判明し、ほっとしました。

校長や教育委員会から面倒がられ何かと噂されるような人も、元来教員としての素晴らしい能力を持っている、と私は考えていました。

日数が経過するにつれて、子どもたちに向かう態度にも変化が表れ始めたことに感激もしました。労を厭わずに私も支えに徹しようと思いました。

その後、話の合間に、本校への異動について不本意に思い、勤務に意気が上がらず、管理職や行政を敵対視する気持ちが強まっていることなど、直接聞けるようになりました。

本来的には素晴らしい能力を持った集団であると、どんな場合でもギリギリ信じてかかることがベターと思っていました。結果として、認め合う人間関係の構築に繋がったのです。

また、平生は校長室の窓やドアを開けたままにしました。全日制や定時制の子どもたち、保護者や職員や地域の方などが、気軽に入室でき、いろいろなことについて本音を把握できると考えたのです。

僅かこれだけのことで、不評であった学校が、動き始めるきっかけにもなったようでした。子どもたちも職員も保護者も地域の方も、結構楽しんで入室される向きもあったように聞いていました。

そんな直接対面でのやり取りのときは、いろんな視点での示唆や具体的な提案や、時には強烈な抗議や批判もありました。子どもにとって、今日よりも明日がよりよくなる学校作りをと思い描きつつ、傾聴していました。

三年目勤務の五月頃、一年の女子生徒四人が、登校後そのまま校長室へ訴えにきたことがありました。中学校での高校案内や高校入学式で、校長が「学校の主は生徒であり、生徒の成長のために先生はある。大いに利用すべきである」と話したことの確認から始まりました。

「本気になってする指導とは思えない先生がいて、私たちは損をしている。生徒同士でずいぶん相談し、両親にも相談した結果、先生の通知表を生徒につけさせて欲しいことを校長に要望したい」という訴えでした。

昼休憩に再度の来室を約束し、ＳＨＲ（ショートホームルーム）に行かせました。生徒は本気でしたし、いい視点での要望と思い、教務主任に原案作成の指示を出しました。生徒の訴えを何らかの形で反映させる約束をしていました。

しかし、「この時点で強行しては、動き出した変革にブレーキとなるのでは？」という職員の言を尊重しました。一度に全職員に適用できない不甲斐無さを自分に感じもしましたが、そのことを契機に職員は更に変わっていったのです。

「学校が荒れるのは、管理職を含めた教職員のありようと密接な関係がある」という持論でした。

教育目標が一定の効果を発揮し、保護者や地元関係者の信頼につながることを絶えず念頭に置き、校長と教員の信頼ある関係作りを思案しました。自分が把握した現状と課題や問題点の明確化、それらの克服にむけての具体案を、教職員との協議の席へ繰り返し提示しました。

「できれば、我が子は入学させたくはありません」と言明していた職員も同じ土俵での議論に応じ、最終的には、担当部署の現状課題を払拭するよう英知を結集し行動するための立案や計画作成になっていったのです。

教育に携わる者のプライドは、見事に生きていました。動き出すキッカケを見失い、元来有するプロの教育者としての良心と葛藤されていたようにも思えました。

教員が仕掛け、生徒と教員が一体で、場合によっては地域の支援や協力があって、動き始めることができたのです。いろんな面での生徒たちや教員の変わりように、表わしようもない感動を覚えました。

歴史ある定時制も併設されていましたが、管理職への敵対感は、全日制を遥かに越えたものでした。しかし一方で、全日制の教職員にはうかがえなかったような優れた対応を生徒に発揮していたのです。その良さが全教育活動に繋がらない弱点があり、その責任などすべてが、管理職に帰するとの主張が繰り返される現実がありました。

やがて、定時制生徒の募集停止が発表され、地元企業など、多くの場所で活躍してきた卒業生や関係者の願いも通らず、長い歴史に終止符を打つことになりました。辛くて重い決定でした。

その定時制ＰＴＡ役員の一人に、国旗掲揚や国歌斉唱に強烈な反対の意志表示をされる方がいました。赴任直後の入学式当日、校長の国旗掲揚・国歌斉唱対応へ強烈な抗議言動に出られたのです。あわや掴み合い、という寸前で、年配の役員（卒業生）さんが間に割って入られ、事には至りませんでした。

この役員さんは、「天皇制・国旗・国歌」反対が、生涯のとりくみテーマだったとか、あとで聞くことになりました。教職員も繋がっていたのです。外部者を楯にし、校長をへこましにかかった形跡を感じ取りました。

このような職員の気質と言動が、地元遊離状態に拍車をかけ、学校存続の可否に大きく影響もしたとも考えられました。

定時制の教頭は、常時職員と同室ですから、県教育委員会や校長への不満や抗議など、一手に聞かされる立場でした。そこで随分と職員を指導し、怒鳴りもし、改善もしました。

教頭いびりについて、校長への報告はありませんでした。耐えることが次の人事異動へのステップであるかのような捉え方だったのでしょうか。転勤を念頭に、勤務日数をカウントしているかのように思われても仕方ないと思ったものです。

募集停止発表があり、在任校長として、歴史ある定時制の記念碑建立について、同窓会や関係機関と連携し、ある程度具体化させ、定年退職しました。
そんなこんなで、教員最後の高等学校での勤務がスタートしたのでした。

十五　学校変革への発信概要

ここからの内容は、平均的でないと言われた校長の方針に沿って、意気に感じた教員集団の実践が中心になります。

それぞれの担当部署で立案計画をし、保護者や同窓会や地域の方々や関係機関などとの連携協力を得ながらの実践でした。

噂にもなっていた難しい教員集団が、現状に流れることから脱却するため、子どもたちと一緒に多くの教育活動を展開したのです。


学校では週の初めとか月に二度とかの割りで生徒朝礼が実施され、それを当たり前と思っていました。ところが、いろいろな状況から実施不可能とされていたのでした。いつごろから行われていないのか問うと、転勤して六〜七年になるが生徒朝礼など記憶にない、と漏らす教員がありました。

月に二度実施することにしました。子どもたちに注意も含めた語りかけを教員が行い、そうしたことをきっかけに生徒が自己を見つめ、前に動き出すことを願ったのです。子どもたちが登校する道の街頭や正門前や校舎内など、教員総動員しての生徒朝礼でした。最初より二回目、二回目より三回目と、どんどん子どもたちの行動に変化が生まれたのです。もちろん語りかける言葉にも配慮は当然ありました。「やればできるじゃあー」が率直な感想でした。

やがて体育祭のとき、吹奏楽演奏による入場行進の実施にこぎつけました。これを一般公開して保護者や市民の方々に見ていただいたところ、子どもたちの真剣な取り組みに多くの方々から賞賛の声をいただいたのでした。人々に見られ認められる心地よさを子どもたちは体得したのです。

学校の枠内に終始した閉鎖的学校経営では子どもたちの変化も活力も生まれにくいことを改めて感じさせられました。

一年、二年、三年と経つに連れ、子どもたちに変化が生まれてきました。服装、頭髪、化粧、手ぶら、諸々の言動など、子どもたち自らが変わろうとしていたことに、たまらなく嬉しくなりました。

キッカケと手順を示すことで、子どもたちが見事に変化することは、これまでの経験から強く感じていました。

プロの教職員が、現状に流れず諦めや責任転嫁などから意識を変革し、協力態勢を作り、実働すれば、かなりの期待が可能になります。そして生徒の能力を信じることでした。

校長の事務引継ぎで訪れた時にショックを受けていたので「環境整備と美化の徹底を！」からスタートする意向を全職員へ伝えました。担当職員との面談の際、「何故環境の整備と美化なのか？」について話し、実践をベースにした具体策も提示しました。

K講師は、園芸科目の授業と関連させた、学校全体での取組みとして「花一杯運動」をメインにした労作教育を展開され、それらを通学路や公共施設や商店街など、地域社会へ拡大されていったのです。

それらの労作教育の実践を通して、「歓迎されず評価を下げられていた生徒と学校」に変化を感じてもらえるようになっていったように思います。

努めて「花一杯運動」の作業をする生徒を街に出し、姿を地域の方に見てもらい、時には会話でも生まれることを願っていました。

一年を「ヒマワリ、コスモス、パンジー」の三シーズンに分けました。年間を通しての作業ですから、暑い日も寒い日も、雨降りも風の強い日も、です。これを全学年、全生徒、全職員で実践、継続することができました。

校内の清掃美化の徹底と並行して、地域社会の清掃作業へも実践を展開しました。「花一杯運動と清掃活動」についてマスコミ報道をして頂いたり、街の方々からお誉めの声を頂くと、生徒たちに変化が生まれることは予想通りでした。

成長の過程に大切な「成就感」や「役立ち感」の体得になっているのです。「手を汚し、額に汗する」作業を誉められ、評価されることは、人間にとって大切な生き甲斐の要素です。

マスコミ報道の支援の効果もありました。教育現場は、日常的に外に向けてのアピールをどんどんすべきです。教育現場が、治外法権的な特異な場所という考えは、通用しなくなっています。

善きにつけ悪しきにつけ、地域社会と共有できる課題を見つけ、払拭・実現に向けた連携と協力態勢作りができることを模索しました。その御膳立ては、管理職の責務でした。

一年三シーズンの花盛りの時期には、近隣の幼稚園児・保育園児や住民の方々が、校内へ来られるようにもなっていました。なにより悦んでいたのは、高校生だったのです。

このようなことから、学校行事へも地域の方々や幼稚園・保育所から園児なども来校され、高校生との活動にも参加されるようになりました。

ここで、感謝しなくてはならない人物について、触れることにします。その方こそが、美化を中心とする労作教育が、効を奏した功労者でした。

稀に見る昔気質の人でした。園芸科目担当の講師Kさんの尽力なくしては、私の学校経営のスタートも継続もなかったと、Kさんに出会えたことに感謝し、生徒の範となる力強い実践に感激したのです。

私の退職後も、僅かな講師料にも拘らず、物心両面から尽力をして頂いているのです。彼の口から発せられる「子どもが可愛いい！　驚く程成長してくれる！　本気で叱り、接すれば、応えがある！」などの言葉が、教育の原点を言い当てています。

教職員にとって、一見厄介な子どもたちが、そんなK講師の授業を選択し、指示に従って、手を汚し、額に汗し、黙々と作業しているのです。

その子どもたちの表情は、二十数坪の教室内でのそれとは、雲泥の差でした。子どもたちの多くは「K先生は凄いので、逆らえない！」と言っていました。理屈では計り得ない本能的と言うか直感的と言うか、子どもたちは人間を見抜く素晴らしい力を備えています。子どもを信じられる教職員作りの必要性も教わった思いでした。

そんなこんなで、とにかく、来校者の数が増加して行きました。それまでは、卒業生ですら、「行ってみたくない母校、恥ずかしい母校、怖い母校」と思わざるを得ないような、悲しい状態だったことなどを、赴任して当分の間、随所で聞かされていました。

そんなことを踏まえて、絶えず心していた視点は、「伝統と誇りある、おらが街の高等学校の再生」でした。

その実現を願って、地域社会との連携とその方法について、模索をすることが大切と考え、次のような取組みをしました。

登下校時、生徒に声をかけて状況を把握し、さらに市民との接触によって学校に対する率直な声を聞くなどの目的で、努めて市内へ出向くようにしました。その際、右手には火挟み、左手にはゴミ袋を持ち、駅までの通学路に散乱するゴミ拾いを繰り返したのです。出会った市民から、貴重な意見や示唆、抗議やお叱りなどを随分受け、学校の取組みへ関連づけることができました。不思議なもので、通学路に捨てられるゴミの量が、日に日に少なくなって、「〇〇通りが綺麗になった」などと聞かれるようになりました。

結果的に、地域と学校の花一杯運動が、二年連続全国表彰の対象となったのです。何より嬉しいのは、子どもたちの校内外での生活の姿に変化が生じたことでした。服装や頭髪などの変化をはじめ、登下校時の挨拶などマナーの変化も見られるようになったのです。

一日中、街中で見受けられた、遅刻や早退生徒の数も、日を追うごとに減少し、校内の生活状況にも落ち着きが出てきました。何よりも教職員の献身的取り組みがありました。効果が出はじめたことを共によろこび、元気を奮い起したのです。

信じた通り、五十一人の教員は、素晴らしい情熱と能力をもっていました。「だめ学校！　だめ生徒！　だめ先生！」の汚名を少しだけ返上できた思いになりました。教員にとって「最高に嬉しくて、元気が出て、自信が出る」妙薬は、子どもたちの心身両面での健やかさです。

勤務二年目になっても、市民から「花をもって街に出たから、生徒が良くなったと思ったら、大きな間違いよ！　まだまだだね！」と有り難い指摘があったりしました。

一度信頼を失った学校を、もとの状態に復活させることの難しさについて、過去に廃校となった事例から学ぶこともありました。

確固たる立案計画と揺るがぬ実践を根気よく継続し常に意志疎通に気配りをする必要がありました。

老朽化した既存プールを撤去し、地域住民や施設入所者、保育園児などとの交流農園（クラインガルテン）の開設に漕ぎ着けました。水球で名を馳せたプールでしたが、水漏れがあり、活用頻度、維持管理経費、シーズンオフの危険性など、総合的視点で撤去の実現ができたのです。

年間を通して、クラインガルテンでは、地域住民や園児や施設の高齢者と、高校生との実に微笑ましい状況が生まれていったのです。

剃り込み生徒が園児を抱っこしてのお話、九十歳のおじいさんの手を引いて、野菜の収穫をする女子生徒、最後はいつも記念撮影です。とても自然でいい表情でした。関係者の物心両面の大きな支援に感謝しました。

教員と生徒の関係では生まれないような心の作用が、あの自然で素敵な笑顔や行動をかもしだすことを、感激の思いで拝見しました。高塚先生（鳥取県赤碕高等学校教諭）流の教育実践（子どもの潜在能力開発への仕掛け）の粋が、そこにあるようでした。

さらに、赴任直後に申請していた「社会福祉協力校指定」の認可が下り、社会福祉協議会との連携が可能になりました。車イス体験やバリアフリーチェック冊子作成と、行政への要望活動の展開に繋がったのです。

専任教論を獲得して福祉授業の充実をはかり、保育園、幼稚園、小・中学校及び高齢者との交流を、教育の目標に設定しました。ねらいは、「人間って素晴らしい！　人間大好き！　自己発見！　役立ち感の体得！」でした。必ずや生徒たちは動き出す、と固く信じていました。

仕掛け人の教育ビジョンも大切ですが、教員集団の活動のありようで、継続が断ち切られないことが大切です。最近は数人の教員が、その実践を継続するために奮闘されているとのことでした。

クラブ活動活性化を目標に、重点育成クラブを挙げたときのことです。硬式野球復活の視点から、グラウンドのレイアウトが必要になり、県教育委員会へ要望しましたが、退職後、二年目にかなりな経費を懸けて実現したようです。

学校がその教育目標を達成したり効果を発揮するには、ＰＴＡや同窓会や地域の関係機関の物心両面での支援が、とても大きな力になります。

ＰＴＡや同窓会から受けた資金的援助や新聞やテレビ報道などへの広報活動には、とても感謝しています。その一部について紹介します。

暗い物置のような進路資料室と相談室を、子どもたちが自由に出入りできるように改装し空調設備を設置してもらったり、多忙を極める生徒指導室にも空調設備を置くなどの支援をいただきました。

当然のことながら、進路についての子どもたち自身の関心や言動にも前向きの変化が出ました。

勤務最終年の九月頃、全体に緊張感が低下する傾向が感じられるようになりました。たまたま障害を持った子どもがあり、その進路が気がかりになりました。

三学年の正副担任と進路の担当者を校長室に呼び、惰性への戒めと任務への激励をこめて話をし、障害を持って入学した子どもの進路指導の状況について聞きました。それに対し、信頼を寄せ期待をしていた一人が「一応は話してはあるんですが、よく判りません」だったのです。

「時期が時期（卒業年度の秋）だけに、保護者の願いや考えは？」と聞き直しました。「保護者とは、会って詳しく聞いていません」という答えでした。

幾らかは学校の再生に向かっているだろうという期待が、その一言で無惨にも崩れ去るようで、ボロボロ涙しながら「教育の基本を逸脱している！　この子どもの進路指導がこの態では、他の子どもたちの進路指導など信じられるはずがない！」と怒鳴ったのでした。自分自身の無能力さへの怒りでもあったのです。

次に、その子どもの運転免許取得の可能性について、確認をしたのです。

「エッ！」の一言だけでした。障害を持って入学し、卒業学年になり、社会へ旅立って行くこととの実態が把握されていなかったようです。

「子どもと保護者と面談し、希望であれば、専門医療機関と連携がある○○自動車学校を訪問することも必要ではないか？」そして「障害を持って生きていくことと、運転免許とがどう関連するかについては、いろんな考えがあるかも知れないが」と加えました。

障害を持っている子どもの教育についてよくある旧態依然の考えから一歩も抜け出ることができていない現実について、退職直前に改めて考えさせられました。

その他、生徒の反省室兼自習室の改装、教育相談室や談話室の改装設置、自動販売機コーナー設置、学校まるごと美術館作品展示コンクリート支柱設置など、さまざまな支援を得て、教育は大きく前進したのです。

子どもたちの活動について、ＰＴＡが働きかけてくださった新聞やテレビなどマスコミへのＰＲ作戦には感謝しています。より多くの方々に知っていただくことが、子どもたちが前進するエネルギーになったと思います。

マスコミ報道の一例として、美術部員製作の超大作「商店街の大壁画」や「駅前の防犯絵画」などがあります。市民の心の癒しであり、訪れる方々への市のイメージアップにもなっているようです。そして、それらの活動は、ストーンアートなどに引き継がれているようです。

年間を通して、公開行事に限らず、子どもたちの学校生活を日常的にオープンにしたこと、それにＰＴＡが連動したことの意味は大きいものがあったと、当時を振り返っています。

次に、教育現場が不得意にしていた「学校と警察との連携」の有効性について、教職員の意識変革に挑戦しました。警察を教育現場につなげることに抵抗する動きはゼロではありませんでした。「子どもを警察に売る」とか「学校は治外法権」とか、どこかで聞いたような言葉が聞かれたのです。

学校で、教員が対応しきれない事態が発生して、多くの子どもたちの教育権が脅かされたり、精神的苦痛を伴うような事態になることは絶対に防ぐことです。

そのためには、問題発生での連携でなく、日常的に信頼関係を構築し、法律の範囲内で情報を共有し予防することが大切になります。

その連携については、高等学校では比較的短期間で、自然な状況でスタートでき、結果的によかったと思います。

その後わかったのですが、義務教育現場では、「警察が校内に入ると、何かあったのでは、と疑いが生じる」などの意識が依然強く、名目的連携になっていたようです。都合のよくないことは、「隠す」とか「秘密にする」とかいった認識や風潮が残っているとしたら、大きな過ちではないでしょうか。

警察の巡回と立ち入りの効果について、遅きに失しないことを願っています。そんな連携を含めて、地域ぐるみの連携の必要を学校が発信してゆくべきではないでしょうか。

高等学校の歴史的経緯から「地域と密着した、開かれた学校作り」を目標に掲げていることもあり、次のような配慮をしました。

案内のあった地元行事には努めて出席し、交流や懇親に心掛けました。商工会議所の例会やロータリー例会、自治会連合会などで、校長の学校経営講話の機会があったときなど、ありがたく出席させていただきました。

先ず、学校の状況について、数値を挙げて報告し、それらの具体的解決策について述べ、地域の理解と支援を依頼しました。

最初の講話の機会は、赴任直後の五月のことでした。その時の報告の一部について、述べることにします。

赴任前年度の中途退学生徒数が二百人にちかい状況であったこと、授業中に多くの生徒が校内を徘徊、校内各所のひどい汚れ、登下校時刻の乱れ、身嗜みの乱れ、地元率（全校生徒数の地元中学校出身生徒の占める率）三割、困難な就職・進学状況などに触れました。

その会合は、地元企業経営者が中心の四十人くらいの出席だったようで、本当に真剣な面持ちで聞いていただき、質問が出されたりしました。中には卒業生も何人かいらっしゃったようで、話す内容が内容だけに、とても気を遣った記憶があります。

私の学校経営のモットーでありました「生徒と教職員を信じる、誉める、叱る、徹底的に関わる、過程の責任は校長がとる」ことから述べさせてもらったのです。

中途退学生徒数を五十人以下に、を目標として、総力を結集して実践（赴任一年目目標クリアー）、求人開拓に校長自ら東奔西走の決意、授業妨害などへの徹底指導、清掃と環境美化の徹底、地元小・中学校との連携強化などについて、熱く語った記憶があります。

出席者から「隠さず、よくぞ言った！　おかしいと疑っていたことが判った！　応援しなくては！　校長負けずに頑張れよ！」との声と拍手をいただき、感激しました。

当然のこととして、次のような取組みがありました。敢えて記述してみようと思います。

子どもたちのやる気を高揚させ卒業後の進路を確保する視点から、教育課程の見直しや、分割授業の実施・福祉科目の充実をはかりました。体質的ともいえる惰性の殻を破るには、少々の決断も要ったのです。

問題行動や中途退学生徒数の実態から、「生徒指導困難学校指定の要望」を県教育委員会へ申し出て許可され、一名の加配教員を確保でき、子どもたちへの指導がより充実できました。

問題や悩みなどを抱える子どもたちの自立のためには、校内だけでなく家庭や地域へ出向く必要が強くなっていました。

献身的な職員の働きに頼る以外に、学校再生の方法は見つかりませんでした。と言え、職員の負担の軽減はどうしても計る必要があったのです。

折しも予算削減の時期ではありましたが、そのための予算措置を県教育委員会に再三依頼したものです。措置を受けるには、数字上の向上変化が決め手になることを肝に命じました。

広いグラウンドを地域に開放することになったとき、グラウンドの一隅にトイレを設置するなどした、県教育委員会の施設課の決断に感謝をしました。

校長就任三年目には、生徒の状況や環境整備や地域との連携の状況などで、学校全体に幾らか好転の兆しもうかがえるようになったと思ったのでした。

あつかましくも、県の教育長に学校訪問の要請をしました。多忙中にも拘らず、生徒の通学路の一部である、ＪＲ駅から商店街経由で、徒歩で来校していただき、二時間も滞在してもらったことには職員一同びっくりしたことでした。

　どうにかしたいと強く心に言い聞かせていたことは「在校生総数に地元生徒の占める割合を、七十パーセントに近づけたい！」ことでした。

　その目標を実現しようと、かつて占有率七十パーセントであった地元七中学校や小学校の訪問をし、受験生確保のために学校ＰＲなどもしました。

　しかし、以前の高校の実態から、保護者や義務教育教職員の評価は、実に厳しいものでした。受験生の分析をしますと、学力の差だけでなく、生活面などの課題も読めたのです。学校間の連携の必要性について語り、来校の依頼もしばしばしましたが、期待薄でした。

　二年目の十二月になって、国立大学へ推薦による合格者が一名あったことが話題になりました。国立大学合格者は十数年ぶりとかでした。

　その頃から、近隣中学校や保護者や地域の方々から、少しずつ評価されるようになり、年明けの入学試験に際して、地元中学校からの受験者数や質の変化が少しうかがわれたのです。大学合格の状況で、学校の評価がされることを改めて痛感しました。

　地元率七十パーセント実現は、定年退職まで三年の勤務では、幾らかの変化はあったものの、到底実現できる目標数値ではありませんでした。

勤務三年目の十二月、前年と同じ国立大学の同じ学部に、一名の合格者が出ました。この生徒の出身中学校から、予想だにしなかった結果への驚き、高等学校と子どもの努力への評価が届けられたりもしました。

ところが、その年、その中学校からの受験生数は、前年度を下回り、質的にもダウンしていたことを、どう理解すべきか、の戸惑いがありました。

基本的に、一度評判を下げた学校は、少しくらいの変化が生まれても、評価や理解はされにくいことを悟ったのです。

現場の実情を見ず、知らず、過去数年来の見方や評価が平然と生きていることの無惨さを味わいました。そこまでに至らしめた責任は、その間勤務した教職員と教育委員会にあると考えるのは間違いでしょうか。

職員と更なる努力をすることを確認し合い、掲げた目標の達成に向けて、多く方々の支援を得て、走りに走ったのですが、私の能力不足のため、実を伴うまでには至りませんでした。

三月三十一日、最後になるであろう、校長室と付近の廊下の清掃をし、夕方六時頃、校長室の花瓶に花を活けました。

赴任した三年前の初日、校長室の清掃からスタートしたことと、退職の日の最後に、同じ校長室の清掃をしていることとを重ね合わせ、「何も変えることができていなかったのだ！」と複雑な思いで学校を後にしたのです。

余談になりますが、地元住民や関係者からの推薦が決め手となり、翌四月一日の朝には、市教育委員会で、小・中学校の教職員への辞令を交付する任務に就いていたのです。四十年近い高等学校勤務の経験から、義務教育の課題の払拭に少しでも尽力できたら幸いと考えました。そのためには、小・中・高等学校が日常的に連携可能な関係になることが必要と考えていました。そうすることで、子どもたちにとって、生きた教育実践の実現ができると考えたのです。

最後に、子どもたちの元気と、いい想い出作りになったであろう「全校生徒での高校野球応援」について述べてみます。夏の甲子園出場の予選です。

春先、少人数の部員でスタートし、新入生の入部で活気が生まれ、数年来、勝利できなかった汚名返上の期待を持って、貸し切りバスで球場に入りました。

「いいことだ！　子どもたちの何かが変わる！」という賛意や、「授業を割いてまで……勝ちもせんのに！」「バス代金どこから出すんかねえ―？」「格好悪い生徒なのに、恥ずかしい！」とか、教職員と保護者の間では賛否両論でした。蒸し暑い七月の中旬、夏休み目前の時期でした。幾らラッパを吹いても、太鼓を叩いても、校内の授業は、実を伴った状況ではありませんでした。

「夏休暇期間を短縮し、抜けた授業の補充をすれば、何ら問題なし！」の決断をし、バス料金はＰＴＡ会費から支出の了承を得たのです。

応援行き決定の校内放送に、あちこちから、子どもたちの歓声が聞こえました。下校時に校長室前の廊下側の開いた窓越しに、生徒の顔があり「校長先生有難う！」「嬉しい！楽しみ！」などと声をかけてくれたのです。

球場での子どもたちの姿格好は、他校の子どもに比較すれば、一目瞭然でした。応援の仕方も知らない子どもたちが、しかし、試合の進行に従って、いつの間にか統制ある応援に徹していたのです。

試合は敗けでした。野球部員も応援の子どもたちも、今後に活かされる多くのものを、心に仕舞って帰路についたのです。後日、子どもたちに微妙な変化が生まれたことも確かと思いました。

十六　「イレギュラー音楽教員」と言われて

音楽担当の一教員でしたが、私が大切に思い、行動してきたことについて少しだけ記憶をたどってみようと思います。

教科の音楽を通し、クラブ活動を通し、学校行事などいろんな場面を通しての人間的触れ合いがありました。

北海道での教員生活は、新鮮で感慨深い、十分過ぎる程の思考と体験をさせてもらい、故郷での長い教員生活への大きなエネルギーに繋がりました。

北海道で最初に出会った子どもたち、故郷で初めに出会った子どもたちも、そろそろ俗に言う定年退職を迎える年齢になっています。担当教科の音楽とクラブ活動や行事などを通して出会った子どもたちに、何をどれだけ与え、そして子どもたちは、何をどう感じ、どう生活に当たっていったのかはわかりません。

マスコミ報道で「吹奏楽や合唱の全国大会出場とそれまでの過程」について紹介があっ

て、登場する生徒たちと先生との感動的な触れ合いの場面では私も涙しています。

コンテストの勝敗でなく、そこに至るまでの測り知れない自分自身との闘いや仲間との協調の素晴らしさ、力強さに感動するのです。

あのような感動を与える営みをする力が私には十分でなかったかも知れません。それでも音楽を通して出会うことができた子どもたちとの営みについて、私流の目的や願いはありました。

ほんの僅かでも、どんな場面であっても、どんな方法や形であってもいいから、学校生活での触れ合いの体験が生きて欲しいということです。

高校に入学してくる子どもたちの中には、中学校時代に吹奏楽クラブで全国大会に出場した者もいました。彼らは吹奏楽クラブの勧誘には応じず、「もうあんな苦しいことはしたくない」と断言し、別のクラブに入部するのでした。

私自身の能力の無さや教員としての力量不足が問われているかのようで、本気に悩んだこともありました。

そんな時、私が音楽科を志望し、突貫工事的手法で大学に合格し、教員になっていった当時のことを思い出していました。

学校教育での音楽のねらいの一つは、子どもたちの人生の中で、楽しみや心の糧や癒しや仲間づくりなど、総合的に絡み合うことの潤滑油的な意味にあると考えていました。音楽の道を極めんとした子どもたちもかなりいましたが、多くにとっては「唇に歌を！心にハーモニーを！」の生活上の潤いの意味と考えていました。

厳しさの中での楽しさや仲間意識や協調性の下で作りあげ、かもし出すリズム、メロディー、ハーモニーに成就感を体験できるように期待しておりました。

楽しく、できるだけ多くのジャンルの作品にトライする点で、子どもたちの考えと一致していました。「中学校時代に吹奏楽部がなくて、やりたかったので……」と入部してくる子、「楽譜は読めないが音楽を選択してもいいのか……」という子、音楽大好きでも歌えば音は外れっ放しで周囲の笑いを誘う子（彼の評価を十段階の八としたことがあります。担任面談後、保護者が質問のため来室されました。「小中学校から音楽は大好きな息子でしたが……成績はずっと最低でしたから、何かの間違いと思って……」ということでした。子どもさんが一生懸命にたのしみ、努力し、他の子どもたちへ大きなプラスになっていることの評価であると説明しました）、「うちの娘は音楽大学を受験するのに、十段階の六評価では困ります。ピアノもソルフェージュも楽典もレッスンを受け、いつも最高点だった」の抗議を受けたこともあります。「レッスンの成果は承知している。歌えば大きく外れる音楽大好きな仲間への視線や、《最低！　恥ずかしくない？》と口に出すなど、せっかくの力量が活かされたことになっていないでは本物と思えず、総合的には妥当な評価と考える」と答えました。それ以後はその子には無視され、保護者には校外で悪評を立てられました。

芸術科目で音楽を選択してくる一クラス四十人前後の子どもたちの理由は、一番お金がかからないからとか、歌うことが好きだからとか、聴くことが生き甲斐とか、歴史が面白いとか、中学校時代悪い成績の中で音楽が一番良かったからとか……いろいろだったようです。

そんな子どもたちの中に、例年一人〜二人、当時一ケ月三万円以上のレッスン料を払って音楽大学を目標にした子どもがいたのです。入学式前の子どもと保護者への合格者オリエンテーションで、多くの子どもたちのことを念頭に「申し訳ない思いはありますが、私は音楽大学合格のための授業はしておりません」と話すことにしていました。

両極端の例を挙げましたが、実のところ多くの子どもたちが音楽の授業を楽しみにしてくれていました。子どもたちは教科の点数に一喜一憂します。特に五教科には強く反応していたようです。私の担当する教科は例外的な思いをしていたのか、子どもたちの弱点を握っていない教科と思っていたのか、安心して教室に移動してくるようでした。

点数で偉いとかそうでないとか判別をされることの嫌味を、異常なまでに体験していたのかも知れません。

こんな子どもたちの姿がありました。一枚下に見られていたA高校の生徒たちは、最寄りのバス停留所で乗降の際に、程度が上とみなされていたB、Cなどの高校の生徒と出会います。A高校の男子生徒は、乗降前に制帽（昭和四十四、五年頃は制服制帽の規則が残っていた）をカバンに入れるのです。広島県での教員生活のスタートのころ、そんな光景に出会いショックを受けた記憶があります。怒りにも似た思いを抱いたことがあります。

子どもたちは小学校の高学年頃から中学校卒業に至る間に、点数偏重（偏差値評価と表現する人も）による評価をされ、人間評価をもされたと思ったものも多くいたに違いありません。

示された数値によって、不本意であっても、進路先（進学校）を選定せざるを得なかったことについて、多くの子どもたちが語ってくれました。

故郷のバス停留所で子どもたちの姿にショックを受けたことから、音楽の教員としてトライしたことがありました。

吹奏楽で、進学校などと評価されている近隣の学校より優れた演奏をすることに挑戦させることにしました。

部員は六人、使用できる楽器はほとんど無いという課題にぶつかり、管理職に訴えました。そのとき全人教育を掲げた情操教育充実の校長に救われました。芸術の専任教員三人を揃えた校長だったのです。事務長が知恵を絞り、当時八百万円相当の楽器を購入し、子どもたちの成長に期待してくれました。楽器を手にした子どもたちの輝く表情を今でも強く記憶しています。

子どもたちは、平日も休日も実によく努力しました。一年目の夏の合同演奏会では、他校の演奏にひけをとらないほどになり、子どもたちとともに更なる意欲を抱いたのです。そして二年目の演奏会では、部員数や演奏の状況など、子どもたちが最も意識していた学校に比して、総合的に上回りました。子どもたちと一緒に感激したことが、昨日のことのように思い出されます。

また別な面で地域一流を目標にして、「年一回の外部演奏家による校内演奏会」や「視聴覚機器や教材の充実」に協力が得られました。

その校内演奏会のとき、開催については、保護者や町内に向けて案内を出し、体育館の聴衆を一杯にすることを目指しました。音楽鑑賞と同時に、生徒の姿を見てほしいという思いもあったのです。

当時日本が世界に誇ったテノール歌手Iさんの迫力あるイタリア民謡などの校内演奏会は、今でも卒業生や地域の方々の記憶に鮮明に刻まれているようです。

国内ピアノコンクール優勝者Nさんのうっとりするようなピアノの音色、日本のギターの草分け的存在であるAさんのロマンティックなギターの世界への誘い、人気ある男性四人グループの素晴らしいコーラスハーモニー（この時、バンドの器材運送トラックを狭い道幅のために、校内に乗り入れることができなくて、男子生徒がリヤカーや手で抱えて、急な登校路を運んだのです）、NHK交響楽団の金管楽器奏者中心の東京ブラスアンサンブルなどの校内演奏会を実現できたのです。

五十歳を過ぎた卒業生たちが、今なお記憶に新しいと言うほど自慢できる内容を伴ったイベントでした。

卒業していった多くの子どもたちが、それぞれの生活のなかに、共に音を創ることの素晴らしい経験と充足感などを取り込んでくれているように思っています。

一例ですが、卒業後にある製鉄所に就職していったK君（在学中はクラブでニューホニューム担当）に夜の街でばったり会うことがありました。はにかみながら、手に抱えているものが「ベートーベンのピアノソナタ全集」であることを告げたのです。鑑賞授業の「熱情」と作曲者の生き方に魅かれて買い求めたと言うのでした。当時の私の一か月分給料の半分に匹敵する価格が付いていたことに驚いた記憶があります。本当に失礼というか、子どもを評価する視点と能力が無かったというか、彼とベートーベンのピアノソナタ全集など結びつかなかったのでした。

また、こんな卒業生もいました。新聞配達奨学生として東京のT大学に進学し故郷を離れて行きました。住み込みで朝夕の新聞配達をする厳しさについて、手紙で報告を受けたことがありましたが、四年生になったとき配達が免除されたとの連絡を受けました。

二年生のときの新聞休刊日と重なっていた「ヴェルディーのオペラ・椿姫」のチケットを貯金のお金で購入したこと、八千円が一番安い席だったこと、授業の時の記憶とは比較にならない程の感激を覚えたこと、レコードも購入したいこと、などを熱っぽく伝えてくれたのです。

市民バンドや市民コーラスなどでの中心的活躍をしてくれている卒業生たち、専門的な道を一生懸命努力している卒業生、また、教育現場や家庭の中で素晴らしい教育に励んでいる卒業生……いずれも嬉しい限りで、自己満足かも知れませんが「音楽教員で良かったなあー」と思うのです。

あのときの校長の教育ビジョンと学校経営の手腕に今でも頭が下がります。

II

今じゃけん、先生がんばって！

「悩み・走り・助けられ……。
反省しきりの教員生活を終えて」

一　私なりの教育現場の把握

今から三十数年前までは、子どもたち・保護者・地域社会などから、教員は一目も二目も置かれる存在であったように思います。

一言で、怖いとかうるさいとかで表現できない、人間としての魅力を備えた教育集団でした。

多くの子どもたちや教員は「その中で成長し、自分の人生について思考し、年輩教員に追いつき追い越すことを目標にし……」ひたすら走った一面もありました。

学級経営・生徒指導・教科指導・進路指導・クラブ指導・行事・保護者への対応等々を通して、ぷんぷん匂う人間臭さをふんだんに感じつつ、子どもたちは実に多くのことを学んだと思います。

教員が、子どもたちを大声で怒鳴りつける。場合によっては殴る・蹴る・引き回す等のようなことも事実あったと思います。

教員の体罰的な行為（今で言う暴力？）を決して容認するものではありませんが、子どもたちや保護者、関係機関等からの異議申立てなどは、ほとんど無かったように思います。

このことは、一体何を意味しているのかについて、現実の教員と行政のありようとを比較しながら、考え悩んできました。教職に就いてはいるが、感動する心を置き去りにし、身体も動かず、現状肯定に終始し、あたかも自分の都合にあわせて子どもたちが存在するかのごとく、取り違えをしてはいないのか、などといったようなことでした。

総ての教員が、そうでないことは確かですが、ちょっとしたことでの不言不実行が、やがて子どもたちや保護者や地域社会の多くの方々から、批判されることにもなるでしょう。

口を開けば「忙しい、疲れた。どうしようもない子どもたちと保護者だ。教育委員会の責任だ。社会が悪い。やってもしょうがない。そのうちどうにか……」といった言葉が飛び交い、傷の舐め合いに等しい姿ではないでしょうか。

「そのうちどうにか……」の裏には、不幸なことではありますが、「数年すれば、今よりは楽な、別な学校に配置替えがあるであろう」などという思いが働いてはいないでしょうか。

「見ず、知らず、言わず、動かず……」の状態となり、何らの魅力もなく教育力も期待されない現場の状況が生まれ、慣れが生じ、やがて、当たり前になるのではないでしょうか。

しばしば、机上の理想的教育論を聞くことがありますが、今必要なことは「百の議論よりも一つの行動」であるように思います。

私の勤務した現場に限って、課題が多かったとは思ってはいません。多くの先生方が、苦悩しつつも実践されていたことも事実でした。

もがき苦しみつつも一生懸命に子どもたちの成長を信じ、日夜精進している教員があります。その人たちの輪がさらに広がり発展することを願っています。

私流の現状把握と、それへの抵抗？について、多くの方からの批判が殺到しそうでもありますが、真の教育の是正・改革の任を負った関係者への期待を込め、敢えて、幾つかの項目について記載し、自分自身を振り返る機縁にもしたいと思いました。

二　教員の意識・資質について

1　採用されたら、こっちのもん的意識

採用試験に合格し、教員を数年経験すると、「教育に携わる希望や夢や情熱は一体どこへ？」と思えるように、覇気がなくなる教員はいないでしょうか。

あるとき、先輩教員が諭す場面に出くわすことがありましたが、諭された教員は、翌日から年休権行使に入ったりすることもありました。

また、そのような経験豊富な教員の行為に対して、管理職の口から「弱い立場の教員に配慮がたりない。今後は云々……」などと出る現実があるとしたら、お笑いにもなりません。

示唆・助言・忠告などを受けて、自分の非を認めようとしない、改めようとしない、感謝の念が欠落して間違った仲間意識に逃避するようなことが、どこかに残っていないで

しょうか。

事実、中・高等学校の子どもたちの中には、自分の親たちが置かれた厳しい職場や社会状況と対比して「何なあー、先生らは月給泥棒かよ！」と発するものもありました。

社会一般の、教員に対する評価は、子どもたちとは雲泥の差でさらに厳しいものがあると言わざるを得ません。

一旦教員生活に浸ると、「余程のきっかけでもない限り自分はクビにはならない！　自分は働いている！　つべこべ言われる筋合いはない！　みんな同じ！」などと、社会的に通用しない言い訳の術を駆使するものもあるようです。そんな教員を軌道修正し変革するためには、まず、教育現場の管理職が教員を信じて、生きた学校経営の手腕を発揮することであると思います。

教員の採用システムや採用後の資質向上策、人事評価、諸々の指導監督や厳しい処分をも含んだ対応など、行政の責務も重大です。

諸課題に対する教育行政の「いい加減さ」が、昨今、大きな社会問題として問われているようにさえ思えます。

新聞紙上等で、文部科学省・教育委員会の談話・見解などとして、教育全般についての記事は実に多いようです。しかし、文部科学省・教育委員会などの担当者は、形式いじりと思えるような施策に終始することがどれ程現場の荒廃を生んだのかについて、真摯な反省をし、教育現場優先の施策を、早急に提示して欲しいものです。

採用後一年間は仮採用期間とし、研修の充実と徹底を図る。その後も五・七・九の奇数年での研修を科し、不適格と判断された時点で解雇もあり、などと明記をするなどの英断も必要でしょう。

決して、全教員にスーパーマン的能力を望んでいるのではなくて、一人ひとりの得意で独特な分野を活かし、子どもたちを基本にした教育をして欲しいと思います。

北欧のある教育水準の高い国のデータでは、子どもたちが最も尊敬するのは教員であり、最もなりたい職業は教員だそうです。

従って、大学も教育学部が最も高い倍率で、入学も困難、教員の処遇も高い、指導要領などの縛りはない、教員個々の創意工夫など最大限認められ評価される……ようです。

先進国の教育としての自負心があるなら、権威主義的手法に走ったり、人員削減など教育に関わる経費削減などは、間違いであるという共通理解をしたいものです。

2　諦め的な自己防衛本能

同一校勤務の年数が長ければ長いほど、「どうせ自分はこの学校のままで、人事異動は無いから……」という思いになりやすいものです。

そんな教員は往々にして、平素の自己主張も弱く、教育実践もおざなりな場合が多いようであり、何かトラブル等が生ずることがあれば、子どもたちや保護者や社会の責任としてきた傾向があるように思います。自分で反省したり課題に思いを巡らせることは弱く、同僚の同情を受けたがるようでもあります。

春の人事異動で、大きな偏りはなかったでしょうか。本人の責任はもちろん否定はしませんが、予断と偏見と報復的意味の異動は、含まれていなかったでしょうか。報復的に異動させられる教員は、概ね次のようではなかったかと想像します。

諦め的思いになった教員の現象として、やけになり、ことごとくいちゃもん的言動に終始し、そのことに生き甲斐を求めるタイプ。四六時中ボーッとし、何事へも無反応で、授業以外は自分の部屋に閉じこもり、子どもたちとの接触など無く、年休権等の行使に終始するタイプ。管理職へやたらとおべっかを使い、研究会や会合に出たがり、自己ＰＲをしようとする御忠臣タイプ。管理職と対峙し、場合によっては、いじめ的言動をとることに生き甲斐を見る偽組合員タイプ等です。

現実には、そんな教員の占める割合が高いと思える沈め石的とも言えるような学校を、教育委員会は作り上げてはいなかったでしょうか。

教育委員会は、概ね三種類に学校を色分けしているように見えます。即ち、一定の社会的評価を得られ安定した状況にある学校、中間的な位置の学校、お荷物的位置の学校（半ば統廃合対象校）です。

お荷物的位置の学校では、教員の情熱やエネルギーが生じるわけもなく、その日暮らし的態度となって行くのも、ありうることです。

3　認識不足と自意識過剰

子どもたちや保護者や、場合によっては同僚からさえも、何らの評価も得ることができていないのに、「自分は仕事している、十分に子どもたちにも保護者にも関わっている」と思っている教員があるようです。そして、その割合が、その学校のありように大きく影響しております。

例えば、子どもたちの欠席や遅刻が増加したとき、家庭へ電話で連絡し、注意もする。しかし、それだけでは、子どもたちの生活の実態は何も見えないのです。そのことに気がつかない。

また、高等学校の場合、成績が思わしくない生徒に、学期終了前に各教科担任から出された評価から判断して進級や卒業が無理と生徒と保護者へ伝達し、ひんしゅくや怒りをかうこともありました。

そこからは、平生のお互いの意志疎通など、人間関係を確立する努力をうかがうことはできませんでした。

こんなときに、ある保護者は、学校長や教育委員会へ訴えられることもありました。子どもや保護者を甘く見、馬鹿にした教員の対応などに怒りを表されることもありました。多くの場合、学校教育のいろんな問題に気がついていないのではなく、長年思い込まされてきた、諦め的思いや、生活に追われるなどの理由から、涙を飲んでいることもあるように思えます。

教員の態度が威圧的で、傲慢であるとしか言いようがないようなときや、教員としての誤った自意識過剰のときは、子どもたちの生きる力は育たないでしょう。

自分が主体的な教育実践をできずして、子どもたちに「主体的に……自分のことだろう……自分を良く見つめて……反省して……行動あるのみだ……」などと言ってみても伝わりません。

子どもたちや保護者の心の奥底に息づいている、悩みや希望や期待などについて思い巡らせることを通し、己を変革する必要があると思います。

私自身も、多くの個性豊かな子どもたちや保護者や教員から、人間としての温かさや厳しさや実践の尊さなど、教えてもらい、多くのものを学びとらせてもらいました。

教職に就いて、尊敬する先生の模倣から出発し、いつの間にか自分流になったもの、反面教師的人物に対する自省、実践を人生訓にした教員の迫力など、子どもや保護者への対応時にはいつも想起していました。

当然ながら、書物や講演、研修、先輩教職などからも、いい意味で盗み取らせてもらったことも生きていました。

教員の多くが、言うこと、すること、考えていることなど大差ないとき、子どもや保護者などにとっては、学校は魅力に乏しいものとして映ってはいないでしょうか。

能力ある人材は、幾らでもあります。有能な教員の確保には、採用試験等のあり方や、北欧のある国のような高待遇に改善するなど、教育行政の責任は重大だと思います。

4　指示や注意にむくれ、反省の余地・悔しさ等皆無

前述もしましたが、当然の注意、指示、忠告に対して、実行するか否かは別として、「判りました。気を付けます」の返事があれば上出来です！

ある二十歳台後半の高校女性教員ですが、職員会議で示された入試業務分担表に、自分の氏名が漏れていたことに気付き、その場で「私の名前が無いのですが……」と聞くこともせず、周囲の同情を請い、後日へ尾をひいたこともありました。

入試係主担が、丁重なる謝罪もしたのですが、その日の勤務を早退し、翌日から連続年休権を行使したのです。

「幼稚園の子どもではあるまいし、そんなことでは戦力にはならない！」と、語気強く言い放ちました。

その後、その教員は、それを言った私を無視するなど想像を越えた状態でした。また、他の教員を通して「弱い立場の教員へ酷いことはしないように……」などとありました。

「特定教員を狙うつもりは無い」と改めて言明し、「戦力にならないことは事実だよ。そんな教員は、気にいらないのなら辞めればいい。子どもたちの幸せのためにも……」とつ

け加えたのです。

あの程度のことで数日連続年休をとる等はもっての外です！

しかし、なかなかストレートに意は伝わらず、私の方が悔しい思いをすることになっていました。

社会的に全く通用しないような一部教員が、学校という職場で、生き延びることができる不思議さを痛感していました。

こうしたことは、校長の学校経営能力と行政の真剣さによって克服すべきことと私は思うのです。

5　希薄な学ぶ姿勢

いろんな分野で、手本になる教員があることは嬉しいことです。多くは年配者のようでした。

しかし、教員の何割かは、何事に関しても、学び摂ろうとか、教えや知恵を請うなどの意欲が弱いように思えました。

子どもや保護者に危なっかしい対応をしていて、その指摘を受けることを迷惑がる傾向にあり、むしろ「あいつが、あんなことを言うから……。まずくなった……」など、批判や中傷をすることもあるようでした。

そんな状況について当然、管理職（とりわけ校長）の的確な助言・指導などがあって当然と思っていましたが、なかなか行われず、腹立たしさを覚えたこともありました。逆に管理職自らが、教員の前向きな取り組みに水をさすこともあったようでした。教員の士気を高揚させるのが管理職であると思っていましたので、ショックでした。

こんな例もありました。

＊校内の荒れ放題の樹木の剪定作業をしていた教員を中傷し、そのためにその教員は二度と作業をしなくなった。

＊毎朝校内の清掃をしている教員をおとしめながら自らは行動しない職員集団があり、そのあげくは、誹謗中傷の嫌がらせをして、自分たちの「見ざる・言わざる・せざる」の集団へ吸収しようとする。

＊子どもたちや保護者の願いに応えようという、教育従事者としてのプライドなど微塵ももたない。

などなどです。子どもたちを基本に据えた学校を思う時、彼らに不利益になる要因は、総力を傾注して即刻排除すべきであると思っていました。

教育の必要からなされる指示や注意や指摘等に対して、むくれたり、泣いたり、欠勤したり、だんまりを決めこんだり……そして、相手を誹謗中傷する手段しか持ち合わせていないようでは困ったものです。

一方で、必死な思いとは言いながら「それが嫌とか、理解できないのなら、教員辞めたら……」と言ってしまう気短な自分を悔いてもいました。

ものの見方、考え方、人との接し方、人生設計への思考、ものごとの善悪判断、感動する心、そして自己存在感、役立ち観……など、教員の在りようが、怖い程子どもに映し出されると絶えず考えていました。

眼前の子どもたちや必要な実践はそっちのけの、理にかなわぬ自己弁護のみで生き延びようとする教員が、放置されていては困りものです。

そんな教員の存在を正確に把握し、それに対する手立てが何であるかを明確にし、策を講じる必要があるのです。

教育の是正・改革だの、指導要領の改訂だの、地域に開かれ密着した信頼される学校だの、多様化する子どもたちへの教育だの、ゆとり教育だの、生きる力だの、基礎基本の充実だの、一斉学力調査だの……スローガンやアドバルーンを、次から次へと打ち上げてみても、本末転倒ではないのかと言いたい思いです。

学校こそが、人間的な触れ合いと実践を通して、純粋に人間形成の理想を追及できる、神聖で犯されざる場所でなくてはならないと思っています。

これまで、使命感に燃え、情熱をもって、己のことよりも子どもたちのことを最優先して積み上げてきた、日本の教育の素晴らしさや力強さについて、今こそ私たちは、学ぶことを問われているのです。

責任転嫁の横行としか言いようのないようなことが、教育委員会や教育の現場に、少なからず存在しているのは、悔しいことです。

6　管理職への敵対

管理職になって新しい学校へ赴任したら、かなりの学校で着任交渉がありました。このことは、教育委員会も暗黙の了解か、知っていて関与せずの立場をとっていたようにすら思えてなりません。

「あなたが赴任される学校では、セレモニーがありますから、管理職でよく相談の上、心して対応してください」と教育委員会職員から伝えられました。

その当時は、知る人ぞ知る暗黙の了解事項であったにしても、気の弱い、揉まれた体験の無い管理職は、着任前からかなり滅入ったなどと、耳にすることもしばしばでした。

赴任初日から、組合員全員が着任管理職に向き合い「本校での教育理念を述べよ。前任校でのあなたの教育実践は○○であったようですが、本校では通用しないから、どう改めるのか？」などと迫るのでした。

着任の管理職に対して、経験年数の浅い教員（組合用語の青年部）から年配教員へと順に、きつい口調で質問や脅しに似たものまで、ありとあらゆる視点から飛び交います。

管理職によっては、真っ向から対応をする者もいましたが、大抵はだんまり戦術になるようでした。そして最後に、「申し訳ありませんでした。すいません。おっしゃるように頑張りますから、よろしくお願いします」がオチのようだったと思います。

ところが、それで交渉が終わることは稀で、「それでは、次回までに、今回の交渉で指摘されたことについて、総括し、○月○日までに代表者（組合分会長）へ出すように……」で継続交渉となるのです。管理職によっては、一年も二年も続くこともあったようです。

交渉の設定は、一ケ月に一度くらい（一回に数時間費やす）の割合で行われるので、その対応に追われた場合は、職務に専念できる状況ではなかったと想像されます。

着任交渉の内容は、組合路線がほとんどでしたが、教育についての確かな理論や信念や実績に基づく内容も、少なからずありました。

経験の浅い教員からの、組合資料などの切り売りに過ぎないような主義主張や、言葉遊びにも似た尋問の手法などには、怒りを覚えました。

交渉に際しては、前任校での実情等を収集していたようです。私自身、自分のことであるのに忘れていることもあり「よくご存じですね。確かにそんなこともあったように思います」と言わざるを得ないこともありました。

交渉を受けた管理職によっては、一日も職場に足を踏み入れることのできない者、病気休職に追い込まれる者、徹底的に応対したために組合員がくたびれて、別な教育現場へ配置換えすることを行政へ申し入れられる者、交渉内容について全面的に謝罪やら同意をすることで一件落着となる者……など、さまざまのようでした。

そんな場合に、行政や他の管理職は一切口を挟むことはできないのであろうかと思いつつ、交渉が六時間などと長時間に及べば及ぶ程、どうしようもない空しさを覚えました。

ある教員がトイレで、「管理職へのセレモニーよ。あなたの場合は、前歴の収集内容について、一応認識されているので、時期が来たら終わるよ……」と言うのでした。

私の場合、確かに、四月二日の第一回交渉から十月上旬の五回の交渉で終わったのですが、その間の心身の疲れや悔しさは、言葉で表現出来そうもありません。

まるで、ハイエナに睨まれた子羊の感すらし、行政が知ってのことだとしたら許すことはできない、と怒りすら覚えました。

着任交渉に限らず、「校長は、若い教員・女性職員を軽んじている！　回答せよ！」など、全教員の署名捺印入りで交渉要求するなどは、日常茶飯事であったように思います。

そんな教員構成の学校で、言うべきことを表明すれば、結果的にどんな苦しさを伴うかくらいは判っていましたので、実際は随分と中途半端な受け答えをした自分でした。

そんな体験が、他の教育現場に勤務する際に、大きな自信と勇気になったと思います。

その意味では、感謝すべきことであったのかも知れません。

その後赴任した学校で、「教育への情熱もビジョンも持たず、向上心と実践力も無いのに、教師面するなよ！」とか「恥ずかしさや悔しさが消え失せた段階で、何を心の糧に教育現場にあなたはおるのか？」などと、厳しい発言をすることがありました。

着任交渉を受けた、言いようのない、苦しい二年間の勤務体験が、一定の説得力を生んでいるのでしょうか。反論する教員は現れないようでした。

私の厳しい言葉に対して、反論や異議が出てくることを期待し、次への進展も予想しました。しかし、音無し状況でした。時間の経過を待つだけに過ぎないような勤務の実態が、そこにはあるだけであり、教員としてのプライド、こだわり、確固たる信念などはうかがわれないように思えました。

本来そんなものではなかったはずです。

「校長が変われば学校が変わる！」と流行語のように使われた時期がありました。その前に「行政が変われば校長も学校も変わる！」と改めて言いたい思いです。

三　子ども（生徒）観について

1　教員の一言が起因しての退学生徒（高等学校）の事例

四月に入学してきた電車・バス・徒歩通学の男子生徒が、月半ばで登校しなくなったときのこと。担任は、どうなっているのか、と電話連絡をしたのです。

担任からの電話に対し、生徒も保護者も本音では応対しなかったようです。生徒へ次のような一言があったことによります。

「今度遅刻したら、親を学校に呼ぶからね！」でした。「自分の担任は……」と思ったそうです。

その生徒は、家計を助けるために新聞配達をし、通学していたのですが、天候等が左右して配達に時間を要し、学校に遅れることがあったのです。入学に際しての調査書に、そのことを保護者は記載したと言い、少なくとも、担任は自分のことは知ってくれていると思ったということでした。

担任の一言で「もう自分はこの学校ではやっていけない」と退学を決意し、保護者に告げることもなく、登校しなくなったというのでした。

一ケ月過ぎたころ、担任は家庭訪問をしました。生徒も保護者も「退学するので言うことはありません」の一言であったようです。

「今さらながら家庭の状況や新聞配達での頑張りなど話す気にもならなかった」のだと聞かされました。

担任が家庭訪問した時には、学校にも担任にも失望し、近くの鉄工所で働いていたのです。その鉄工所の社長から、「おまえの学校はおかしいのおー」と連絡があって、生徒と面談しました。担任に対する腹立たしさや生徒への申し訳なさで、とても複雑な思いを抱きました。

うつむき加減の彼の目には、涙が溢れていました。高校へ通学できない十五歳の子どもの悔し涙と思え、やるせない気持ちでした。

昨今の生徒は、授業妨害、放課後の交友関係でのトラブル、喫煙、妊娠、教師への暴言や暴力、不登校、不勉強、家出、交通違反や事故など、いろいろな問題を起しますが、職員の対応が後手になっているように思えます。

積極的な生徒指導の重要性について、多方面で論じられますが、教育行政や現場では、必ずしもそうなっていないようです。先述のような子どもに対する気配りや取り組みこそ意味があるのです。

トイレの用足し、食堂での昼食、通勤時などのほかは、必要最小限しか準備室から出ずに、子どもたちとの関与を避けているようにも見える教員もありました。

教員が生徒を避けるようでは、生徒の成長や学校の改良など、期待することすらナンセンスです。

比較的人なつっこい生徒が準備室に出入りし、その生徒とだけ面白可笑しく会話をし、ジャレ合うという状況が、あちこちにあったように思います。

話の内容は、テレビ番組やタレントといったようなものであり、生徒の将来に糧となるような内容は、皆無に等しいと思えるものでした。

どんな進路を考えているのか、職員の高校時代の思い、職業観、人生観、学習計画、交友関係など、大切にしたいものが欠落していたのは寂しい限りでした。

それでも、準備室に出入りする生徒は、幾らかのプラスになるかも知れません。不安を抱え、じっと我慢し、教員を恨めしいような思いで見ている多くの子どもたちは、いつどこで、どんなにして救われるのでしょうか？

こんなこともありました。秋の遠足で船をチャーターしてある島へ向かった時のことでした。三年生の男子生徒が、不安そうな表情で、半ば抗議に近い形で訴えてきました。担任に、自分たちの座席の位置はどの辺りかを尋ねたところ、その担任からは「お前は、どこのクラスなら？」との言葉……。生徒は次の言葉が見つからず、黙ってその場を去り、私に訴えたのです。

「二、三年と同じ担任なのに……。進路など大切な時期に、未だ自分の顔と名前を覚えてもらっていないようでは大きな不安がある！」「前からいろんなことで誠意は感じられず、担任に半信半疑の思いはあったが、わしゃーショックじゃ！　どうにかしてくださいよー！」が彼の言でした。

デッキで、彼といろんな視点から話をしました。「自分の中高校時代の精神面や行動面の苦労や葛藤について、真剣に語り、とても考えさせられた」と卒業後の同窓会で、彼が私の記憶について話してくれました。そして「担任があれなら、別の頼れる先生を見つけることだ！」と思うようになり、不安を消したとのことでした。

ちなみに、その先生のニックネームは、「三時半の男！」であったようです。その理由は、放課後、子どもたちが相談などをもって部屋を訪れると、授業終了後は帰宅され、不在が多いことが知れわたっていたからのようです。

このように信頼を裏切るようなことが、日常的にあったとすれば、子どもたちは困惑し、どう処理したのでしょうか？

「誰あっての学校？　誰あっての給料？　あんた直ぐ辞めるか？……」など言いたい思いで、遠足の翌朝の学年打合せ会で話しました。「それはヒドイよのー」の一言で処理されました。

その教員は年配者で、校内では一応の発言権を有する人物と思っていた、若く経験不足の私は、反撃できませんでした。一言で処理されたその時の言いようのない思いは、教員生活の最後まで、忘れることはできませんでした。

教育行政のここ数年の動きの中に、経費節減策があり、子どもたちの実態把握と非行や問題行動防止のために行う事前の家庭訪問やいろんな連携が、できにくくなっている状況があります。

教員は自己負担で出張したり超過勤務を余儀なくされることが多くあるようです。その努力によって、ぎりぎり学校を保っているると言える部分もあると思います。

校長の「今は、無理して家庭訪問などする時代ではないよ！　保護者に学校に来てもらったら……！　教育委員会の方針も出ておるからねえ」などの言葉は、学校経営責任者の素晴らしい、説得力ある言葉と誰が信じるでしょうか。

教育最前線の先生方の営みに、ブレーキをかけたり、否定するかのように権利を行使したりしているのだろうかと、不安に思うこともありました。

家庭訪問などで、子どもや保護者と一時的なトラブルが発生する場合もありました。その行動が管理職の指示に添ったものか否かで、教員個人の責任を追及され、処理されることもあったと思います。

だんだんと教員は、校内外での実践に迫力を欠いた、要領のいい報告業務に終始するようになったと思います。

子どもを中心に据えた実践は、進学校であるとか、指導困難校であるとかではなく、見失ってはならない大切な共通の視点であるはずです。決して仕分けなどできるものではありません。

教育に無関係の経費節減は必要と思いますが、ここ数年の安上がりな教育施策には、どうしても賛意を表することはできそうもないのです。

2　子どもたち・教員の呼名のあり方

子どもと教員が、人間として対等に尊重される考え方は結構ですが、子どもの社会性の成長を思う時、現状は余りにも、しつけの教育が消え失せているように思えます。

子どもが、教員の部屋に来る。教員の名前の頭文字から「イチー！　トクー！　イケ！」などの呼び方。少数の教員ではありますが、それに対して「ハアーイ！」で応えるものがありました。

呼ばれて喜ぶ教員の一人は、担任の生徒が五日連続欠席しても、自分からは家庭への連絡もせず、外部から問題行動の指摘があって「ああー。そおじゃ。連絡するのを忘れておった！」であったのです。

前年の一学期から登校していない子どもを放置し、卒業認定会議で、他の職員から「保護者は、どうされると言われていますか？」の問いに、「ハアー。よくわかりませんが……」としか言うことができなかった職員でした。

そんな教員と出会った子どもたちのことを、不運の一語では語り尽くせません。すべてにおいて、不運を通り越して、申し訳なさで一杯な思いになりました。

「何やってんならあー。ふざけるな！　直ぐ行動せんかい！」と怒鳴ったことを、昨日のことのように思い出します。

それでいて、就職や進学の面接週間には、もっともらしい教員面をして、「言葉の使い方が悪い！　挨拶が悪い！　動作が悪い！……やり直し！」です。「よくやるわー。なんの効果が……」と思ってしまう私でした。

あげくは、自分の指導に乗ってこない子どもたちを、不適応な駄目な子どもたちと決めつけたり、排除しようとしたり、一期一会の精神が欠落し、後生畏るべしなど、子どもたちを軽んじることへの恐れなどは思いもよらないようでした。

子どもたちや保護者からの不満や要求には、「本校の子どもたちは、〇〇だから……よく話してはいるんですが……」と言葉巧みに対処していたようでした。

嘘やごまかしや事務的な扱いや後回しなどの手法を繰返していると、必ずしっぺ返しがあることの怖さについて、胆に命じる必要があるように思うのです。

多くの先生方は、誠心誠意、子どもたちの教育に悩みつつも、総力を傾けて実践を展開されております。心ない一握りの教員の言動が、総てを転覆させるだけの影響力をもっていることの怖さと、その責任について、管理指導の立場にある校長と行政の能力が問われているのです。

残念に思うことは、一面的データによる施策が次々と打ち出され、それがどんなに先生方を心身共に疲れさせ、消極的にさせ、素直でおとなしい物言わぬ教員集団を作りあげてきたであろうかということです。

わが国の繁栄の基礎である教育を担ってこられた先輩教員は、教育について世界一の理論と情熱と行動力と誇りを有し、信頼の上に揺るがぬハイグレードな教育を積み上げてこられました。それがわが国の誇りでした。

いつの時代にも、失ってはならない教育の心と時代の変遷に合致した諸施策が必要と考えます。荒廃した今日の教育の是正・改革を担う関係者に、教育現場最優先の真摯なる施策を強く期待しています。

3　乏しい子どもたちへのかかわり

職員朝礼終了後の教員の状況で、こんなことがありました。子どもたちが登校してくる時間帯から、ＳＨＲ（ショートホームルーム）終了までのことです。

全体の朝礼後、各学年ごとに打ち合わせや連絡事項の確認をします。その後、担任は十分間のＳＨＲに行きます。子どもたちと教員の一日のスタートです。

その十分間のＳＨＲがお粗末では、子どもたちに失礼であると言えます。子どもたちは、いろんな心身の状況を携えて登校してきます。ルンルン気分であったり、荒れた気分であったり、塞がった状況であったり、直ぐにでも帰りたい思いであったり……。

その辺りへ気配りをした、用意周到な担任の言葉を、子どもたちは期待しております。計画と準備を整えたＳＨＲは、一日のスタートとして意味あるものです。

担任は話す内容を準備し、一生懸命に話します。「担任の朝のＳＨＲでの講話内容が、決め手になったんですよ」と看護士になった卒業生が出たり、「自衛隊は救助隊とか国土開発隊にすべきである」という担任の発言に、「勝負しようと伝えておけ！」と自衛官である保護者の発言が出たり、いろいろな影響や波紋がありました。

私の場合、若気の至りで、失礼極まりないものも多くあったと反省しきりです。しかし、毎朝十分間のＳＨＲ講話が、小・中・高と十二年間積み重ねられることの意味は大きく、大きな影響力を有すると本気で考えていました。今もそう考えています。

毎朝のＳＨＲは、しかし、一日のスタートとして用意されたものでもなく、場当たり的で、お粗末な内容のものも少なくはありませんでした。

朝の読書が実施されるようになって、幾らか変化は生じたかも知れません。朝読習慣について、異議を唱えたくはありませんが、それが最高のもののような報道には、首を傾げたくなることもありました。

「朝読実施校が〇〇パーセントで、子どもたちが落ち着いて、一日のスタートを切れるようになった」などと評価されます。

朝読習慣が本当に軌道に乗っているのなら、学力の基礎基本定着度調査結果に、プラスになっている趣旨のコメントはあってもいいと思ったものです。しかし、活字離れは依然として解消する傾向にはなく、総合的学力（国語力とも関連）の大きな課題として横たわっております。

思い付きや現象面にとらわれたような教育の実践からは、子どもたちの育つ本物の力は、生まれないことについて考えて欲しいと思います。

さりげない、些細とも思えるような精神的な働きかけの積み重ねこそが、子どもたちの心身両面へ作用し、期待もできるのです。

朝礼後も職員室に居残って雑談や各準備室でコーヒー……そこには、子どもたちに関する話題など、ほとんどうかがい知れないことがしばしばです。

もちろん、学校によって大きな差異があります。朝のSHRは設置されていないで、いきなり授業に入る学校もあるそうです。一時間目の授業担当者の能力に期待することになります。

朝のスタートがそんな状況だったら、一日を通して、教員と子どもたちとの接触など、授業を除いては、ほとんどないだろうと想像します。

教頭になってまもなくの頃、ある職員からの指摘や外部からの指摘、マスコミ報道などがあって、「声かけ運動及び生徒指導の視点から……」と割り振りを含む指導案が提示されたのでした。

教員はしぶしぶ？割り振り場所へ出向きます。その時の教員の状況について、「立っているだけ！　子どもたちへ声を発しない！　発しても子どもたちの心に響かない、蚊が鳴くような小声……」と、地域の人たちから批判や失望の声が届けられました。

服装違反や乱れ・頭髪違反・遅刻・手ぶら登校・体調不良らしき子どもたちへの構いなどは、うかがい知ることはできなかったようでした。「見ようて腹が立つ！　わしが変わってやりたいよ！　子どもたちに舐められちょるんよ！」と地域の方々の声も聞こえました。

その都度、この屈辱的思いを、教員へ厳しく伝え、意識と実践の変革を期待しましたが、少数教員の僅かな変化が生じる程度で、学校全体としての変革は期待できませんでした。

冬、最低気温の朝も、登校時間帯に合わせて通りに立ち、いつも通りに子どもたちへ声かけをしていました。

彼らが何かを感じ、元気を誘発し、きょう一日、自分と根比べできることを期待し、一方的でなく、子どもたちからの反応を引き出す気配りをしていたのです。

職員の部屋の窓が少し開いて、子どもたちとのやりとりの様子をうかがう気配がしました。そのことが実に寂しく、言いようのない絶望的な思いになったことを、今もって忘れることができません。

しかし、子どもたちの表情や行動や姿などの変化が感じられることに、嬉しさを覚え、期待が更に膨らむ思いでした。

一方で、プロの教員集団でありながらその状態ということへの強い怒りが起こり、その打破のために新たな作戦を思案していきました。

子どもたちとの、何の変哲もないやりとりが、彼らの心の支えになったり、生活の糧になったりすることを大切にしたいと考えていたのです。

そんな子どもたちとの接触から、生き生きとした姿が生まれ、子どもたちの間にプラスの作用をし、学校全体が活気づくと思っていました。

「考えられる案と方策は、示してきたのに！……」と、教員を怒鳴りつけたことを反省し、根気強く、工夫をこらしての再挑戦を試みたりもしました。

4　大切な環境美化への思い

ある学校のことです。二人の女子職員が雑談しながら、紙パックが散乱している廊下を歩いています。二人ともまたいで通過しました。なぜ?……と思う自分が変になったのか、自問しました。

これは一例ですが、学校中の環境や美化について、みんな無頓着でした。

そんな中で、一人の男性教員が、毎朝七時頃から、廊下や階段、担任教室などを掃き、モップがけをされていました。その教員の実践から、「ハッ！」とさせられました。忘れていた大切なことを突き付けられたような思いをしました。

そのモップがけは、年間を通して変わることなく、頭の下がる思いで「いつもすいません。有難う御座います」としか言えませんでした。

ともすると教員は、大切な実践を置き去りにして、理屈や旧態依然の主義主張に走り勝ちになっているように思えました。このことを反省し、相互点検の方策を講じる必要があると思いました。

環境美化教育の一つとしての「校内花いっぱい運動」の提唱をしました。しかし結果は、子どもたちへの教育的影響力など生じるはずもありませんでした。一握りの職員の賛同と一時的アクションだけだったのです。数人の教員と立案計画し、校内各所で作業を展開するのですが、通りすがりの教員から「花が咲くといいですね」程度の反応が時々ある程度で、ほとんどは無反応でした。

そうでなくて……そうでなくて……子どもたちと教員が一緒に作業をすることで、人間的な触れ合いや花を育てることを通して、心のきずなを大切にしたいと思ったのです。

前述の、紙パックをまたいで通過した職員の準備室（研究室と表現することもあり）の、足の踏み場もない凄まじい状況からすれば、「花は見て綺麗ね」程度かなと思いました。

またあるとき、校内の樹木がもとの姿をとどめないほど荒れていました。剪定費用の捻出が困難と説明があり、素人の私が夏の最中に剪定に挑戦しました。

男性職員が二人加わり、厳しくもあり、楽しくもある教育談義や世間話や結婚観などのやり取りをしつつ、作業がはかどりました。

その状況を見て「あんたが作業するのはよいが、他の教員を強制してはいかん……」との校長の言葉でした。「これは一体何ごと？」と、言いようの無い虚脱感に似たものが胸中を走りました。

数日間で剪定作業も進み、見違えるように庭が変わっていきました。「あと一週間もすれば、格好になるから頑張ろうや！」と若い職員の頼もしい一言で、疲れきった私は励まされました。ところが、次の日から二人の職員は、別の仕事ができた等の理由で、剪定作業から姿はなくなりました。折しも、校長の「自分がするのはいいが……」のあった時期と一致したのは、単なる偶然とは思えませんでした。

「作業に直接加わらなくてもいいから、せめてやる気を殺ぐ言動は慎んで欲しいよな！」と言葉を返したい思いでした。

あらゆる場面での、管理職・教員の責任放棄ともとれる言動は、子どもたちや保護者、地域住民などから、いろんな指摘や苦情や抗議などを招くことにもなっていたように思いました。

「親方日の丸」的な安定的な仕事程度の思いに終始しているような状況からは、教育のプロの情熱や意気込みなどは、伝わるはずはありません。

生徒指導などに関する会議や研修の場で、意思表示が皆無に近い教員は、「見ぬ！　言わぬ！　せざる！」の証明でもあるように思いました。

子どもたちや保護者から、学力伸長への要望・不満とともに学習実態調査・生活実態調査などの具体的緊急課題の提起などがありました。

それらについての検討は、机上の空論の域を出ることはなく、永久に陽の目を見ることは難しいのではないかと思えました。

「子どもたちの学力は、元からこんなもの！　意識や意欲や継続的努力や能力も弱いから！　家庭も保護者も……仕方がないのです……」などという一方的捉え方が大方でした。

本当に仕方がなくて、許されないのは、子どもたちや保護者ではなくて、教員そのものでした。

授業の開始時刻の不徹底や厳守事項の不履行や諸々の不備について、言い訳に徹しつつ、相互をかばい合うなど論外でした。残念ながら、それも実態の一つでした。

5　授業での無機能さ

いろいろな教育の場面で、子どもたちを本気で注意したり、叱りつけたりすることが、できにくなっていると耳にすることがありました。授業中に限ったことではないようでした。

登校・下校・休憩時間帯・帰宅後などで、タイミングを逸しない、教員の適切な対応や指導が問われていると思いました。

子どもたちは、学校生活で中心となる勉強について、理解したい願いやわかろうとする前向きな意欲を持っていると信じていました。

そんな子どもたちの何割かが、何故、授業への拒否反応や、場合によっては、妨害行動などに出るのでしょうか。学校生活の中で、子どもたちと教員の出会いや触れ合いの場が、授業中に限定されている傾向はなかったのでしょうか。

教員の準備室（研究室）や職員室閉じこもり現象なども、子どもたちとの接触交流を意図的に避けているように見えました。

学校生活全般を通して、信頼ある人間関係の構築が、いつも理解され、実施されているかについて、再考が必要でした。そのこと抜きで行う実践が、何割かの子どもたちを阻害していったのです。

子どもたちが、教員を信頼し、授業などに集中でき、成就感を抱くことができる学級経営を土台にして欲しいと考えました。子どもたち一人ひとりの違いを認め合うと、相互協力の姿も自然に発生すると思いました。

成功するか否かは、新年度のスタートから、一〜二ケ月が決め手・勝負になることが多いようでした。タイミングを逸すると、幾ら頭で素晴らしい学級経営や授業展開を描いても、空振りに終わってしまうのです。授業規律などの重要性について、改めて述べても無駄です。

まず、子どもたちをいかにその気にさせるか、などについて、職員間で研鑽努力をすべきです。子どもたちのことを本気で知ろうとすることです。

「安易な職場の麻痺感覚、域を出ない机上の論理、実を伴わない説明責任」など旧態依然たる状況の打破が急務だと思いました。

教科学力の伸長などは、子どもたちと教員との信頼ある人間関係が前提です。そのことを忘れたり、否定したりすることは教育現場では許されないのです。

四　職務怠慢

1　出勤簿捺印・事前の欠勤手続きなどのずさんさ

毎朝のように遅刻する教員の感覚に、ついていけませんでした。交通渋滞であったから……？　ふざけるな！　感覚の麻痺した数人の教員に対して、徹底的に挑戦してやろうと、あの手この手の方法を講じました。

「交通渋滞はいつものことであろう……」とコメントしますと、「今日は、いつもよりひどかったよね」と他の職員へ同意を求めるのでした。そこには反省や、翌日からの決意らしきものは微塵も感じられませんでした。

「あなたはこの仕事をお辞めになって、この状況で勤めることのできる職場をお捜しになったら……」と言うのですが、こたえた様子は見えませんでした。

そんな感覚の教員は、欠勤日の授業を代行した教員に謝意を表することも無いようでした。あたかも当然の権利行使と考えているように思えました。

幼稚園の園児でさえ「昨日は有難う。すいませんでした」程度の言葉は、自然に発せられるだろうに……、と複雑な思いでした。

規定以上の年休行使をする意図で、出勤簿に実際の三分の一程度しか、年休の記載がない職員がいました。勤務していない日に、出勤の押印がされていたのです。

「私の把握では、これまでに十八回の欠勤になっているので、手続き（年休願い提出）をするように！　社会で通用しないような非常識なことは辞めるように！」と語気強く申しました。

他の職員への警告の意も含めて、ほかに複数の職員が居る場で敢えて伝え、「普通の職場だったら、即刻解雇だよ！」と追加しました。

朝、そんなやりとりをした当人は、その日の授業で子どもたちに当たり散らし「お前らのような根暗は役に立たん！　老人と一緒で、余分な存在だ！」などと言ったのです。

子どもたちは、そんな職員の腹いせ的な言葉を聞いても、いつもながらのことと判断し、悪い評価をつけられたら、卒業・進級に絡んで困ることになるからとの思いで、その場の怒りを抑えたと言うのでした。

そして、こわばった表情で複数の子どもが、「あんな人（先生とは絶対に言わないようでした）はクビにして欲しい！　来年は絶対この授業は選択しない！」と抗議に来ました。

自分（教員）の不都合な部分は伏せて、平気な顔で知ったかぶりをする話からは、何一つ子どもたちの心に響くものはなかったようでした。

私たち教員は、授業であれ、その他の場であれ、子どもたちを前にして「話す・教える・考えさせる」など、関与できることに感謝すべきであろうと思ってきました。

大抵の場合、教員のつたない話や上手とは言えない授業でも、子どもたちは、一応の形は整えてくれています。

一度試しに、「おおーい！　今から○○について話すから、是非聞いてくれ！」と公衆に向かって、常日頃の調子でやってみたら……と思いました。

また、出張などの報告書も「用務完了」の一語であり、幾ら注意しても「組合の指示ですから」の言葉が返ってくるだけでした。

「組合はそんな指示は出さないはずだが……もしそうであれば、組合も長くはないよね」と言ったものでした。

校外へ出る出張などに喰らいつき、学校現場から逃れようとすら思えた教員が数人いました。しかも、出張先で受け付けを済ませると、その場から姿が消えていたこともあったのです。

到底許すことはできず、報告書を提出してきた時に厳重注意をし、出張取消しのため本人の前で用紙を破り捨てました。そんな教員は、教頭が席空きの時に出張願いを提出していたのです。「舐めるなよ！」で、一度こんなことが判明すれば、何事も疑ってかからざるを得ませんでした。

また、再三の注意にもかかわらず、出張願いと報告書をまとめて提出する職員も少なからずいました。

このような状況は、教育現場だからといって許されることはあり得ない！　教育の現場だからこそ、処罰も含んだ厳正な対応がなされなければなりません。

学校長の管理経営能力の如何が、教員集団の実態で問われるように思いました。

2　車・旅行・ファッション・グルメなどの会話

業者を勤務場所に呼び、私事の旅行（家族旅行・友人旅行・新婚旅行など）の詳細打合せを、勤務時間内に延々とする職員に呆れたことがありました。

「おい！　それっておかしいよ！　いい加減にしないと……」との思いで、その職員を凝視するのですが、気づく気配すらないようでした。

宿の夕食に出る尾頭付きの車エビが云々……とか、近辺に観光地の有無や概要等々、細々した注文を出し、業者はその都度、宿泊先へ携帯電話で確認していたのです。

事務室に簡単に声をかけて、いろいろな業者が、比較的自由に出入りできていました。ある男性職員は、車の買い替えや家族の保険加入に際し、学校の電話で次から次へと業者を呼出していました。公私混同が放任されていたのです。

そんな場合、なかなか注意はしにくいので、注視されたり、凝視されたりすれば、間違いを察知し、改めるのが筋と思うのですが、場所を変えて継続するなど、考えられない現実もありました。女性職員のファッション談義やどこそこの◯◯は味がいいし、値段も適当だし、今度いつ行こうか……とかはまだよいとしても、外部へは到底聞かされないようなものもありました。

そんな状況の中では、「子どもたちの、子の字」も出ることが無いとすれば、「これ学校？　これ先生？」という不思議さを通り越して、怒りすら覚えました。若いからとか、女性だからとかで低い評価をされているという被害者意識を抱いたり不満を言うことより先に「己の頭の蠅を追えよ！」と言いたい思いでした。

若い教員には、「真の若さ、即ち馬鹿さ発揮」について、自分流のものを作り上げて欲しいと思っていました。私流の馬鹿さ発揮とは、「ひたすら子どもたちへの思いに沿い、馬鹿とも言えそうな実践に明け暮れる」ことでした。

子どもたちの教育に関与できることについて、「自己満足を味わうことすらできなくて、どんな教員になろうとしているのか？」と、自問自答をしたものでした。

「若さを意識し、行動することで、何かを握むことができることの大切さ」について、機会あるごとに訴えていきました。しかし、現実は厳しい、の一語でした。

責務の消化不良や不満足な状況の言い訳に、校長の不適格さや無能さなどを前面に出したがる傾向があるようです。私自身もそんな時期が結構長くありました。「校長が○○だから、自分も○○で何が悪い……」のような論点のすり替えをしていたのです。

私の母が、九十歳で亡くなる直前まで、口癖のように「子どもたちのために、一生懸命に働いちょるんかいのおー？　働けよ！」と言ってくれた一言が、忘れかけ、消えかけた教員魂を蘇らせてくれたと思っています。

最近は、せっかちな性格の私の言い方も、随分と柔らかく変化しつつあるようで、われながら不思議でもあり、可笑しい気すらすることがあります。

3　さぼり横行

子どもたちの登校時に、「おはよう。元気で頑張ろうよ。朝ごはん食べた？　明日から遅刻せんように……」などと、特別な事情のないかぎり、毎日声かけをしました。

少しでも多くの教員が、声かけをする姿を期待しました。しかし、お互いの妙な遠慮や牽制などの意識が作用し、彼らが本来持っている、教育への素朴な情熱に逆行する気配がありました。

ある高等学校の例ですが、一日に遅刻する子どもたちが、百人を越えるという実態がありました。そのことが、教員の話題にすらならないような、慣れっこか、放任か、諦めか……大変な状況の日々が過ぎ去っていました。

それらの是正に向けて自分流の思いを抱き、声かけなど子どもたちにかかわることを展開しました。その効果は、ほとんど期待できないことは承知でしたが、「明日こそは……」と、子どもたちへ期待し、教員たちも動き出すことを期待しました。

教員の変化よりも、子どもたちの変化の方が遥かに大きく、嬉しさを感じる反面、教員への失望感を抱きました。

子どもたちは、毎朝、声かけをする教員の姿のあることを当たり前のように思い、都合で教員の姿が見えないと、「どうしていなかったのか？」と気にしたようです。

いつもの場所に、教員の姿が無く、野良犬が尻尾を振りながら、その場所に座っていたことがあったとのことでした。子どもたちが一様に「○○先生、おはようございます。今日も頑張ります」と犬に向かって挨拶？をしていたなど、子どもたちのユーモアに驚いたりしました。

いざ成績会議、卒業認定や進級会議、教員研修になると、あたかも子どもたちを中心に据え、一生懸命に取り組んできたかの如く、もっともらしい発言をする教員もありました。

子どもたちを把握せずして何をか言わんや、ですが、かなりの公立の小・中・高等学校で、似たような状況があったと思います。

なかなかその状況から脱却できず、つい最近まで、否、今日までも同じ状況を引きずってきているのではないでしょうか。

この他にも、勤務時間内の職場離脱、無届の遅刻や早退など、社会的に通用しないような事例が、目立った時期がありました。

そこには、教育者としての子どもたちへの思いなど働いていたのか疑問でした。俗に言う「五時から男」として、パチンコ・酒・囲碁・ショッピングなどが生き甲斐で、その合間に職場が存在しているかのような職員もあったと思います。

「子どもたちのことを〈ダシ〉にするのもいい加減にしろ！」と言い伝えますが、自分のこととは思わないのですから、処置なしでした。

当然ながら、私は嫌がられ、煙たい存在になりました。

食堂で数人の教員が雑談をしていました。食事はとっくに終了している気配でした。私の姿を確認すると、サッと無言で散る！雰囲気になりました。

食堂勤務（九時〜十四時）の外部職員同士が顔を見合わせて「先生が余程煙たいんでしょうね……。そりゃー聞かされん内容でしょう……。聞かれたら都合わるいもんねー……」と苦笑されました。

私のムシの居所のわるい時には、「何で私が来ると、逃げるように立ち去る？」と言うのですが、「別に……」の言葉を残して、食器を運び、立ち去るのでした。教頭だからなのか……、私という人間だからなのか……と、当初は随分と考えたものです。

注意されてむくれる、休む、陰口を言うなどといった職員は、子どもたちのいろいろな言動に対して、もっともらしい説教めいたことを平気でしましたが、ほとんどが空振りのようでした。

「子どもたちは、親の後ろ姿を見て……教員は、子どもたちの手本……」などの言葉は、死語になっているのであろうかと思いました。

実践をともなわない机上の空論、美辞麗句駆使などの集団であったり、誰からもどこからも尊敬されない、その日暮らし的集団であってはならないのです。

社会のほとんどの場面で、ごまかしや虚偽は、ことごとく追及され、責任を負うことになっています。教育現場だけが、旧態依然の状況を許されるはずはないのです。

多くの教育現場で、それらの是正・改革がなされつつあると聞いています。それらがより強固で本物になるためには、管理職、とりわけ校長の能力と決断に委ねられる部分が大きいと思います。管理職のありようが、そのまま教員集団へ乗り移っていると考えるからです。

管理職の教育理念が、正しく教員集団に受け止められている学校では、子どもたちが中心に据えられた実践が展開され、子どもたち共々、教員も真に生きているはずです。

五　教育委員会・管理職の責務

1　教育委員会の採用及び指導の責任・あって欲しい校長像

ここまで記載してきた課題山積の教育現場（とりわけ教員集団の在り方）の是正・改革が、どうして徹底されないのか疑問に思いました。

管理職の一員として、教育委員会への出入りなどを通して、一教員の世界とは違った、別な見聞ができるようになりました。繰り広げられる人間模様には、驚きすら感じました。

是正・改革の徹底を、管理職や教育委員会が実現し切れない原因が少し握めた気持ちにもなりました。

全国的に、教員の解雇通告は特別な反社会的行為に対してで、職務怠慢による解雇処分の事例は見つからないようでした。

最近は、管理職の降格制度や修正猶予の一定期間設定と解雇のシステムが、教員対象に打ち出されました。現実は、職場配置替え程度で収まっているようで、教員もそんな校長や教育委員会の足元を、見透かしているように思えました。

厚かましく、巧妙になった職務怠慢が生き永らえている場面に遭遇し、腹立たしさが募る一方でした。問題意識よりも、「ことなかれ主義」が先行していたようです。

そんな状況で、どれだけ多くの有能な若い教員が、教育に対する不信感を抱き、やる気を無くし、ある者は教育現場を去っているかと想像しました。

子どもや保護者や卒業生が落胆し、公立学校離れ現象につながるような、人事異動（報復的・沈め石的と思える）は皆無であって欲しいのです。

そして、真の（教員の特性がふんだんに発揮できる）指導管理の徹底に、校長も教育委員会も責任を果たして欲しいと思いました。

最近の教員の資質向上策は、以前に比して具体的で、厳しい内容を伴っていると思われますが、処罰的意味合いに終始しないことを期待しています。

それらの前提として、教員の諸々について、評価具申をする校長の、信頼に値する人間性と公正な洞察力、判断力が必要です。従来のように校長権限の拡大に委ねる域を出ない状況では、子どもたちの教育に活かされたことにはなりません。「子どもあっての学校……先生あっての教育……それらが生き生きするための、「校長と行政」について、一生懸命に考えていただきたいと思います。

ここ数年、文部科学省や県教育委員会などから打ち上げられるいろいろなスローガン――基礎基本の学力保障と充実・ゆとり教育・総合的学習・生きる力の育成・特色ある学校作り・地域に開かれた信頼される学校作り――で、教育は事足りたことにはならないでしょう。

子どもたちの計り知れない可能性に、真の関与をするためには、克服しなくてはならない多くの課題が横たわっています。

具体的な展望のない、表面的な数字合わせの資料作成などで、教員の仕事量を増やす傾向にはないでしょうか。

現場の教員の仕事量は、目一杯と言えるでしょう。人的配慮や仕事量の適正化など、総合的視点から考え、教員の心身両面へ、もっともっとゆとりを与えることが先決であろうと思います。

子どもたちは、家族以外の大人（教員）と一日の大半を過ごし、多くのことを直接吸収したり、模倣したり、反発したり……など、成長過程で、かけがえのない出会いをしているのです。

その教員が、心身共にゆとりを抱くことができ、子どもたちへの目配り、気配り、配慮あるいろいろな把握をし、保護者や地域の人々と触れ合い……など、ゆったりとできるような状況作りが先決でしょう。

そのためには、何をどうすればいいのかについては、誰しもが判っていると思います。管理統制、安上がり教育一辺倒と思えるような施策から、早く抜け出る英断が必要です。教員を信用し、委ね、責任を持たせ、自信と勇気と誇りと主体性を抱かせられるだけの、具体的な施策が必要なのです。

そうでなければ、本物の教育実践は生まれないことになり、空回りと虚偽の上塗りを繰り返すことになることについて、古今の実践が示しています。

2　主任性・評価制度（自己申告書）などの課題

ここ数年来、教育の崩れ現象克服に向け、行政の施策や具体案など次々に打ち出されて、多くの保護者に期待を抱かせ、一定の効果はあったようです。

しかし、教育現場の実態については、どう評価されるのでしょうか。そして、どう反省し課題を把握し、どう分析し、どう克服の具体策を提示してきたのでしょうか。

再三述べていますが、教育の最大の条件は、教員集団の在り方です。教員一人ひとりが、子どもたちの教育について、どれ程の自負と情熱と行動力と協調心と誇りを持ち、心身共に生き生きとした日々の実践を展開し得ているでしょうか。

その点で、主任制度や自己申告と評価制度など、ねらい通りの運用がされてきたのかについて、疑問を抱いています。

短絡的な組合潰しや、制度への適応強制、管理職への表面的従順な職員集団作りや人事絡みの権威のふりかざしなどもあったのではないでしょうか。

結果的に、教員が本来保持していた、素晴らしい実践の力を喪失させたのではないかと思います。

子どもたちのいる教育現場へは、真のスポットライトは当てられず、課題山積の状況は旧態依然のままです。

教育行政の責任もさることながら、教員組合の不甲斐無さにも呆れています。課題山積のままで、次々と打ち出される新たな施策や方向性などに対して、社会性を得た理論と実践力でもって、それらに対峙する術は無かったのか不思議です。

ここ数年来の行政の巧みさは、教員集団に対して大きな影響を与え、変化を生じさせてきました。

くり返し強調したいことは、「教育の最大の条件は、教員集団の在り方である。方策や方向性など、幾ら提示しても、その実践者たる教員集団が意気消沈といった状況では、現場は混乱し、あげくは子どもたちが宙に浮いたような状況が生じるのではないか」ということです。

保護者や地域住民の多くは、そんな教育に失望し、遊離し、公立学校離れが助長されることは歴史が示し、多くの先人たちがそのことに警告を発していました。

教育行政や関係者が課題山積する現状の把握に努力し、克服するための真摯な取組みは、棚上げ状態にあるようです。

今こそ、多くの教育現場に、人的・予算的措置を講じられることが大切です。今が、大きく変革できる最後の機会のように思います。

現実には、それとは逆と思えるような巨額な費用で「新設中高一貫校」施策が打ち出され、「卒業時には、七割の子どもたちを、国公立大学に合格させる！」と強調され、県下一円からの募集をしました。

当初の計画では、課題山積の広島県教育の是正・改革の旗手的意義を担うと唱えられていましたが、本音は、有名進学校創設だったのでしょうか。

一方、日々奮闘している多くの学校の予算は年々削減され、十分な教育活動にも支障が出かねない状況にあるようです。

「教育県の誇りを真に取り戻す教育再生」を目標にした、教育行政の責任が問われるべきでしょう。荒廃は、教員やその組織の在り方、子どもたちの変化、保護者や地域の変動などに起因するなどと、責任転嫁に終始しているように思えて仕方ありません。教育委員会や現場の管理職が、教員を信じなくて、真の教育が期待できるはずはありません。

また、個々の教員も組織も責任の重大さを考え、今こそ総合力で再構築をし、実践で証明しなくてはなりません。決して、ある時期のゆがんだ組織を志向するのではなくて、教育へのあくなき希望・情熱・創意工夫に裏打ちされた、惜しみない行動力を誇りとした組織であるべきです。

校長の学校経営目標に沿った、職員個々の到達目標などについて、管理職と面談し、指摘や指導がなされると言われています。これが評価の重要な要因になり、人事異動などへも影響するなど、教員にとって大きな負担になっているだろうと察します。

管理職に総合的な指導力が不足していたり、教員から信頼されないような人物が管理職である場合など、制度の効果は生じません。教員は、報復的な処置を気づかいながら、表面的に従っているのです。

最前線の教員が子どもたちの教育に専念できるための、大きな責務を校長が担っているのです。

現在の校長任用システム（具申書により教頭を校長に推薦、自己推薦者の選考及び推薦、行政からの任用、一般公募）について、人事異動の時期が来るたびに、旧態依然の問題や課題に思いを馳せます。

少なくとも、その推薦に、職員・子どもたち・保護者・同窓会・地域住民などからの意向の反映はできないものだろうかと思います。私の述べることは、特別なことでしょうか。

私の本当の願いは、教員が、「子ども大好き！　学校大好き！　人間大好き！」であり、子どもたちは、「学校大好き！　友達大好き！　先生大好き！　目が覚めたら学校へ！」であって欲しいのです。

笑い声が、泣き声が、叱咤激励の声が、子どもたちの歓声が……いつも溢れている学校を作ることができたらと思っています。ここ数年来の、是正や改革のスローガンばかりの教育現場からは、遥か彼方の願いに思えてなりません。

いろいろ発表される集計データが、教育現場の実情について、どれだけ正確に言い当てているか、疑問に思えます。

「データ的には、是正・改革は順調に……」であるならば、「主役の子どもたちの実情は？」と尋ねたくなります。

主任制度や人事評価制度などの導入後、それらが形式に流され、真に機能できていないことから、教員本来の職務を犠牲にする、いろいろな調査報告が増えた現実は否めないようです。

子どもたちにとって、親と家族以外の唯一無比の、教員という大人との触れ合いを通しての好作用が期待できない実態が、助長され続けているように思えてなりません。

精神的なかかわりを大切にすることで、学力の基礎基本の定着と伸長を図ることもできます。

その辺りを黙殺するとも思えるような教育が、あたかも学校教育のごとくに論じられては、永久に子どもたちの活力は生まれないし、保護者や地域からの信頼も得ることはないでしょう。

日々刻々と生きている教育現場の実態に則った、しっかりした制度導入などであって欲しいものです。表面的に教育現場は、平穏さを保っているように見えますが、内実は事務処理的手法など、首を傾げたくなることが多いのです。

3　校長の資質と責務

なんと言っても学校経営についての校長の責任は、とても大きく、重いものです。校長は、教育の現状から正しく問題を把握し、分析し、克服への具体的な指示や率先行動など、不断に行うべき最終責任者です。

また、校長を補佐する教頭は、現状について熟知し、校長との意志の疎通に徹する立場を自覚した言動に努めるべきです。

その教頭が十分に力を発揮できるケースと、意欲や決意すら薄らぐような虚しい状況に陥るケースがあるようでした。いずれも校長の責任です。

両管理職への手当支給の意味について、熟考し肝に命じた学校経営を期待したい思いがしました。

私は、教員生活を通して、四人の素晴らしい校長に巡り会えました。そのことが、大きな支えになり、やがて力の発揮に繋がったと感謝の念を忘れません。

教員の抱えた問題や課題には、触れようとしないなど、事なかれ主義としか映らないような学校長との出会いは、不幸です。

私自身、そんな出会いの中で、教員はどうすれば……と焦り、虚しさを覚え、途方に暮れたり、やがては子どもたちへの言動に厳しさを増し、マンネリ化した、その日暮らしになっていったことがあったように思います。

高等学校の場合には、校長室で「生徒指導上の申し渡し」の特別事例がありました。学校長から、生徒・保護者へむけて生徒指導上の問題点や課題などについて説諭の意図が大部分でした。生徒を介して、保護者と学校・職員（担任）との日常的な繋がりによる、信頼関係の構築が大切であることについては、誰しもが承知していたはずです。

次に、極端な高等学校の一例です。

生徒の不勉強・問題行動などに対して、教員の不十分な指導が指摘されていた最中に、A男の指導拒否の言動が表出しました。

保護者は入学以来、子どもの成長の希望を、学校と担任に託し続けられていたのでした。問題行動が表面化したことによって、不満と失望と怒りが、一気に噴き出たのでした。

担任から「明日、○○時に、生徒と保護者で校長室へ……」と電話連絡を入れたところ、「誰が行きゃあー。昨年来頼んだことは、どうなっとるんじゃー」と、保護者は言葉を発せられたのです。

担任が困り果てて相談に来ました。日常的な信頼関係の大切さについて、いろいろな具体例を挙げて話し、担任としての反省や課題の整理を促しました。

翌日、生徒と保護者が指定時刻に校長室に現れました。その場で、二年越しの指導を巡っての不満を、精一杯に冷静さを保って述べられたのです。

その後に、校長から「学校とは別な進路を考えて欲しい……」との一言が発せられました。

しばしの沈黙があり、「わかりました。……ところでこの学校には、校長を含めて、ろくな教員はおらん。……帰ろう！　帰ろう！」と言葉をぶつけ退室されました。退学手続き用紙の入った封筒を担任から手渡されたのでした。後日用紙が提出され、在籍名簿から削除されたのです。

翌日の職員朝礼の席で、「○○も保護者もロクな者ではない！　ワシは頭にきたので、警察へ渡してもいいんだが……」と校長の語気強い言葉がありました。

この方との付き合いは三年でした。これも後の参考になったと思います。

保護者などとの面談では、緊迫した場面になればなる程、「日頃の人間関係のありようと教育への情熱、揺るがぬ実行力と勇気が必要である」と、多くの職員に努めて話しました。

保護者の多くは、子どもの教育や成長や進路などについて、教員へお願いもされ、期待もされます。

「やる気が無い教員だ！　親として我慢ならず、言う場所も無くて……」と、日常的な学校への不満を示されたこともあります。

校長と教員集団が、子どもたちや保護者、場合によっては地域社会からも呆れ果てられ、期待など消えうせるような状況が残っていては、学校改革など論外と言えます。子どもたちや保護者を事務的、表面的にあしらうようなことが、許されるはずはありません。

もちろん、教員の総てが、そういう状況ではありません。校長や教育委員会からは低い評価をされていると思える教員が、日夜もがき苦しみつつ、子どもたちの成長に思いを馳せ、素晴らしい実践を展開していることがあります。そんな教員が、ぎりぎり学校を支えているようにすら思えることがあります。

ある学校のように、大きな事件やトラブルが発生し、報道関係者が押し寄せる事態になって、やっと学校として反省し、今後の課題について検討をし、行動開始をするなどは論外と言いたいのです。

また、「現代風な子どもたちだ」だの、「若い保護者たちだから」だの、「社会的風潮だ」

などといった捉え方で、なんの解決もされない教育現場ではいけません。

以上は三十数年、自問自答しながら見てきた教員像・学校像そして管理職・教育委員会の姿です。

学校の経営責任者と教育委員会が、教育現場を正確に把握せず課題分析とその払拭への努力を怠ったことが、今の教育の荒廃をもたらしたと言ってもよいでしょう。

「教育の是正改革、魅力ある学校作り、生きる力の育成、地域に信頼される学校作り……」など、いくら唱えても陽の目をみることはあり得ないように思われます。

まず校長が、教頭をはじめ教員を信じず、育てず、さらには評価もせず、責任もとらず……で、何が動き出すのでしょう。

子どもたちにとって、個々の教員が、魅力的な生きた存在として映っていないとき責任者たる校長の資質が無関係とは思えません。

二十数坪の教室内で「教えた……」「教えられた……」の一日数時間の人間関係で、事足りるはずはありません。

「学力が伸びる……」「いろんな能力が育つ……」ために、大切にされるべき点は、「子どもたちの心の部分を、いかに正しく把握し、個々の意欲と行動に導くか」にあるように思います。

子どもたちに精神的に関わることは、教室での、限られた時間の、しかも管理統制の下では、難しいことであるにしても、実行すべき大事なことです。

次のことを声を大にして唱えたいのです。

「スローガンを繰り返し唱えると、できたような錯覚に陥ることに、注意せよ！」

大げさな言い方をすれば、教員の大きな役割の一つは「どの学校に何年勤めたか？」ではなく、「出会った子どもたちが、どれ程生き生きとし、自分を知り、他をも知り、協力し合う心を育むことができたか」でしょう。

そして、「人生への希望・自信・勇気・人としての役立ち感や誇りを体得できたか」などに、教員がどれ程関与できたのかが、問われるべきでしょう。

既成の内容や方法などにとらわれず、管理統制や権威づけから解放し、教員の創意工夫と実践力を信じ、あらゆる情報や状況を地域に公開し、地域の人たちの知識や能力や技術などを、子どもたちの営みにつなげるような教育行政の英断が大切になります。

「教員を信じる！　学校に委せ！　校長に委せ！　責任をとり！　地域に託す！」ことだと思うのです。　多岐にわたる複雑な報告業務などで、教員が疲れ切るのでなく、子どもたちを中心に据えた実践ができる状況にすれば、正しく競争原理も機能し、学校は変わるし、子どもたちは生きると信じています。

4　教員の相互指摘・点検・連携などの実態

教員の現状を見ますと、相互の指摘や点検機能などが非常に弱いように思えます。そんな状況では、子どもたちにとって大きな影響力を発揮すべき学校の変革は期待薄であろうと不安になります。

相互の至らなさを黙認し合いながら、現状に浸たり切って、同じ傘の中に居ることだけの安心感を味わっているようにすら思えることがありました。

ここ数年、教員組合離れの傾向はあるものの、組合サイドでの現状分析や変革への道筋など聞くこともほとんど無いし、組合員であることだけで、安心し切っているように思えました。

そんな教員に「先生、辞めて他の職場を探したら……。いい加減にしろ！　君の都合で子どもたちは学校に来るのではないぞ！　自分がどうなのか、本気で反省し、即刻改めよ！　それが嫌でできないのなら、他に幾らでも優秀な人材はあるよ！」とまくし立てたこともありました。

さらに、「私の言葉に問題や不満があれば、問題にしてもらってもいい」とつけ加えるが、職員からは「きついですね」の言葉が返ってくるだけでした。

「あれだけのことを言われたのだから、腹が立とう？　悔しかったらやればええじゃないか」と言葉を続けることもありました。空しい思いで、その場を後にすることもありました。

ここ数年、いろんなことに対して、怒ることすら忘れたような教員の多さに、いらだちを覚えたのは私だけでしょうか。

緊張感がなくなった教育現場では、シャツ出しでの勤務、ミニスカートでの勤務、ツッカケでの出勤や校内徘徊、朝からジャージ姿、フード付き上着、四六時中ノーネクタイ勤務などが目立つようになり、結果的に、子どもたちを失望させ、信用を失うことになるのです。

体育館での生徒集会の際、全員が座る時に、男子生徒が寝そべった格好をし、ミニスカート勤務の教員の股間を見ようとするのです。年齢的に自然なことかも知れませんが、その生徒の行動を悦ぶかのような教員の浅慮にはついて行けませんでした。

自らの姿勢を正すことの無いものが、生徒に向けて「ネクタイをしろ！　セーター登校は違反だ！　靴をちゃんと履け！」などと言ってみても、その効果はあろうはずもありません。

子どもたちは日常的に、教員の一挙手一投足を正確に観察し、それなりの思いをしています。「子どもたちが何も言わぬから……」と馬鹿にしてはならないのです。

子どもたち、保護者や地域の人たちは、それなりの正しさと厳しさをもって、教員を見、評価をされています。

それらを真摯に受けとめ、恥ずかしさと怖さを肝に命じて、改めることこそ改革の出発点です。

先輩教員の多くは、徹底したプロ意識、自分がまず子どもたちの手本たらんとする意地、理論に裏付けされた情熱、使命感・責任感などを持っていました。

子どもたちは「あの先生の注意や叱責、場合によっては体罰や命令などは、しょうがないわい」と理解をして従うことが少なくありません。

「人の振り見て、わが身を振り返る」ができないのなら、相互に注意・指摘・点検などをしなくてはならないことになります。が、それすらできないのなら、自ら教職を辞めるか、解雇させるべきと思うことがありました。教育現場はそんなに悠長な状態ではないのです。

校長先生には「まあーまあー、なあーなあー、など現状維持に終始することは止めませんか！　あなたの責任は重大ですよ！」と、そして人事権を有する教育行政へは「責任をもって、信頼に値する管理職を配置せよ！」と言いたいのです。

校務分掌は、適材適所の視点や年齢構成や男女比などを考慮して、年度始めに校長が割り振りを発表します。

それぞれの分掌には、主任（主事）を置き、学校長の掲げた教育目標の効果的運用と実効を上げることをねらいとし、手当が支給されます。

ところがそれらの主任（主事）には、組合の指示とか闘争とやらで、それぞれの分掌構成員の中で給料の少ない教員を充て、組合資金として拠出させる工作をした時期もありました。

校長権限に対する越権行為なのですが、教育行政との間で暗黙の了解に近い雰囲気がかなりの期間あり、奇妙に思ったものでした。

拠出された手当は組合へプールされ、活用方法は「子どもたちの奨学金に充当」などと聞いていましたが、詳細が明らかにされたことはあったでしょうか。

税金の無駄遣いとしか言いようがなく、社会問題として扱われ、関係機関の厳しい指導の徹底で最近ようやく是正されるに至ったと言われています。

適宜、それぞれの分掌で検討会を設定するようになっていますが、実際に開かれても形式的・事務的内容のみに終始し、子どもたちの現状や緊急課題などについて論議され、実効を伴うまでには到っていないことが少なくはなかったように思います。

一般的には、教員は子どもたちの諸々について、日々協議し、奔走しているものと思われがちです。

全ての学校ではありませんが、多くの人たちの願っている状況とあまりにも異なることもあったように思います。

子どもたちにとって、六・三・三制の学校生活は、人生にとっての大切な時期であり、教員のありようが大きな鍵を握っているとも言えるのです。

そのことを見据えた実践ができれば、子どもたちにも教員にも素晴らしい出会いが生まれることになると思います。

「誰かが……」とか「自分くらいは……」の思いからは、相互の指摘や連携や創意工夫などによる変革は生まれません。

子どもたちも保護者も地域の人たちも、教育の現場を直視し、どんどん意見を言うべき時代です。その対象は個々の先生であり、校長であり、行政ですが、総合的にみて、究極の責任は管理職と行政にあると言えます。

5　経費の無駄

教員に「子どもたちが利用しない時間帯は、教室などの蛍光灯・冷暖房など、もったいないので、電源を切るように……年間を通したら随分の経費の節約になる……」と、昨今の予算削減令達を念頭に再三言ったものです。

該当する職員の返答はなく、だんまりだったのです。後日、「自分には思いがあってのことなのに、ああ言われて……」と間接的に不満を聞くことになりました。

その後、子どもたちが使用しない時間帯で一度も、その職員管轄の室の蛍光灯や空調設備の電源が切られた形跡はありませんでした。

自分の家でそんなことを平気でするだろうか？　個人の経費負担でないからという思いだったとしたら……この感覚が教育全般に蔓延しているとしたら怖いと思いました。

その職員に限ったことではなくて、年間通しての蛍光灯や冷房のつけっ放し、冬季の暖房のつけっ放し・強弱切り替えなどへの配慮は、どこ吹く風の受けとめでした。

また、事務用品の私物化や無駄遣いや粗末な扱いも、注意でもするものなら、鬼が睨むような視線と表情が返ってくることに、空しさを抱いたものです。

一事が万事という言葉があるように、学校という公の施設・設備等の扱いや管理保全等についてもまた、同じことが言えたのです。

無駄遣いの最たるものは、やたらと多い出張であったと思います。研修や講演会の案内、紹介や派遣要請が届くことは結構ながら、そこへ出席する教員の意識に、少々問題があったような気がしています。

それらへ出席するに際して、確固たる意識を持ち、自分の教育実践に活かせるだけの積極性がなければ、価値は無に近く、経費の無駄遣いにもなりかねないのです。

子どもたちの授業に空白を作ることへの申し訳なさは感じられないようで、出張へ喰らいついて出かけるという感じでした。

学校を空ける場合には、子どもたちの状況や教科学力の状況、進路保障などをきちんと把握し適正に措置を講じておく必要があるのです。

子ども一人二人参加の集会や研修に、複数の職員が引率参加し、経費削減の厳しさなど、どこ吹く風といったように思える極端な事例もあったようです。

出張報告書も「用務完了」の一言で、おざなりそのもののような場合は、出張内容が教育にどう反映されるか、などの認識は稀薄だったのではないでしょうか。

出張を生き甲斐にしているかのような教員へ苦言も提したのですが、あまり効果は無かったようでした。

子どもたちから、余りの授業空白状況に「あの先生は、どうしてクビにならないのか？」などの質問が、自習の監督者へ向けられるなど、その教員に何らかのペナルティーを与えることを子どもたちは期待しているようでした。

こんな男性職員がいました。

勤務常ならず、遅刻・欠勤・授業放置・挙動不審のかたまり……が、先生面して同じ職場にいることすら、恥ずかしくて仕方がありませんでした。

学期末の子どもの卒業・進級に関してもめごとが発生したことがありました。裁量は、校長へ託しましたが、一ケ月経過しても、当の職員に変化の生じる気配はなく、以前と同じような勤務状況でもありました。

「定年近くまで、よくぞ教員として生き延びたものだ」と思いました。どの学校に勤務しても同じであったことは、近隣の学校関係者の周知のことだったのです。驚きでした。

子どもたちや保護者・職員などの気持ちを汲んで、注意や指摘を再三しました。おそらく、彼にとっては、教員生活で最も厳しい内容であったのかも知れません。それに対する不満か仕返しか、忘年会の幹事長役として行う挨拶の中で表しました。

「教員から、カナコギ（ハナオコゼのことらしい）の如くに思われている教頭先生に乾杯を……」と積年のうっぷんを晴らしたと思える言葉が発せられました。

カナコギは、釣上げたら、その処置に困る魚です。刺されたら、猛毒で大変なことは、魚釣りをする者なら誰しもが熟知しております。やっとの思いで針を外すと、靴で踏んずけて殺すか、蹴飛ばすか、そのままで干しておくかで、釣師にとっては、厄介でにっくき、どうしようもない奴なのです。

その職員にしてみれば「日常的なうっぷんを晴らす絶好の機会が、幹事長役としてやっと巡ってきた。この機会を逃すと……」と思っていたのかと……。数秒間、自分の気持ちの整理をしたことは事実です。

その幹事長役の言葉に対して、なんらかの激しい反撃行動が私から起きると思ったらしく、周囲の教員の顔色が変わったのが分かりました。

不思議と腹立つこともなく「おなじ毒があっても、せめてオコゼくらいには言って欲しかったですね。刺身にした後は、吸いものやから揚げになりますから……」と、その場の雰囲気を大切にしたい思いでした。

自分の非を棚上げして、教頭を侮辱するものであることは、大方の職員は理解したのです。

余談ですが、最終的には、次に赴任してきた校長が転勤させました。病気治療を理由に、勤務に就くことなく一年休職し、退職したとのことでした。

この外にも、愕然としたことがありました。

インフルエンザが流行とマスコミに出ると、「どうもインフルエンザにかかっているようだ……」と言って、連鎖反応的に欠勤する教員が出るのです。

日によっては、十人を越えて、カゼを理由に欠勤し、職員朝礼の際「きょうは午前中授業で午後カットだなあー」などと声が出たりしました。

それに対して「子どもたちは頑張って登校しているではないですか」と言い返すこともありました。

教員は時として、子どもたちに対し「少々の熱やカゼくらいで死にはせん！　午前中頑張ってみろ！　そんなことでは社会に出て通用せんぞ！」と言っているのです。「よく言うよなあー！」だ。

6　国旗・国歌へのこだわりと持論の欠落

教員の多くは、国旗と国歌についての持論は弱くて、外部から入ってくる情報に左右される傾向があったように思います。

「わが国は大きな過ちを犯した！」と、子どもたちへ切り売りする術は巧みにはなっていましたが、課題である「法的根拠を逸脱した教育内容」の扱いに対する反省は弱いようでした。

この件に限らず、英雄的気分にでもなっていたのでしょうか、どこかからの聞きかじり用語を駆使して、過去のわが国が歩んだ負の面に焦点を当て、子どもたちをそこへと導くことに精出した時期もあったのです。

そんな教員個々の主体性の欠落が、教育全般に大きな荒廃をもたらしたのです。そのことを謙虚に反省する必要もあるように考えています。

教育委員会は、長年の反省に立って「法令逸脱には処分も辞さない！」と主体性・主導性を発揮し、それをベースに各学校長の手腕を発揮させようとする手立てを講じはじめました。

平成十一年度の文部科学省・県教育委員会の「国旗及び国歌の扱いについての通達」など厳しいものがありますが、これまでの実情からすると当然としか言いようがないものでした。

しかし、教員の受け止めは「校長は上からの通達は一方的に行うのか？　これまで双方の積み重ねてきたものを破棄し、子どもと職員を裏切るのか？」などと、社会の現状から逸脱した、従来の主義主張・教条主義に終始した主張をする場面もありました。

それらの主義主張は、現実社会から見向きもされないような、過去の遺物の切り売りに過ぎないと思えることもありました。

管理職と一部教員との、最終的には全教員と管理職との敵対関係になる、厳しい国旗論争があった年、卒業式の会場準備を、教員が一切しなかったことがありました。

管理職（校長・教頭・事務長）とＰＴＡの数人の役員が、長時間かけて設営・準備をしました。

数人の職員が、その作業に加わろうとしましたが、校長は「他の職員との今後のことを考え、帰宅するように！」と言ったのです。式場撤収作業も同じような状況でした。

こんな教員の間違った意識と権利行使が行われるような学校では、子どもたちを取り巻く全ての状況が急下降することは必至でした。

そして、地域社会からも評価されることなく、高等学校の場合は、入学定員割れや休学・中途退学生が急増し、統廃合が取り沙汰されることにもなったと思います。

文部科学省・県教育委員会の厳しい指導で、一定の修正はできたと言われて数年になります。其の間、行政側の責任のとり方は、曖昧なまま今日に至ってはいないでしょうか。

教員に対する一方的な問題指摘と指導強化、改革と是正勧告や処分が前提の権威づけなどにより、失ってはならないものまで、放り捨てられた感もあります。

「入学式・卒業式などの国旗正面掲揚と国歌斉唱のあり方については、百パーセントの学校で実施される状況に到達した」と発表されます。

その状況に到達したことで、子どもたちにとって何が、どう変わったのでしょうか？

国旗の正面掲揚や常時掲揚は、なるほど数字的には百パーセント実施でしょう。そして国歌斉唱のスタイルも教育委員会の指示通りの実施が百パーセントでしょう。

細かく観察すれば、「国旗は旗である！　パネル掲揚は妥当？　式場などでは三脚掲揚が妥当ではないのか？」など、疑問は残ったままです。

また、常時掲揚とは「昼夜を問わず掲揚しっ放しを意味する」と明言する校長の存在をどう理解すればいいのでしょう。

なるほど、公の機関で昼夜を問わず掲揚され破れたり、変色したり、片方の紐が外れたりといった状態を見ることがあります。

国旗は、「朝夕に掲揚降納すべきもの！」と考えるのが当たり前と思っていましたが……いつになったら、教育現場で通用するのでしょう。実施されている学校も結構ありますが……。

国歌についても、伴奏はピアノか吹奏楽などによる生演奏であったのか、斉唱時の起立状況と声の出具合は万全であったのか、などなど詳細な報告が校長に課せられています。

それらすべてが、百パーセント実施とマスコミに報道されます。現実は、どうだったのでしょう。

百パーセントの状況になったことで、子どもたちにとっての学校が、真に是正改革できたでしょうか。

教員が魂まで譲り渡したような、もの言わぬような、情熱的な行動の消えたような、意気消沈したような、喜怒哀楽の窺えぬ無表情とも思える状況が生まれてはいないのでしょうか。国旗・国歌について、管理職と教員と保護者や地域などで、その在り方について、正面から話題にしてみる必要はないのでしょうか。

子どもたちを中心に据えた教育のいろんな場面で、国旗・国歌が自然に正しく扱われることができた時が、真の教育改革であろうと思います。

「提出期限を指定した報告業務を教育現場に求める……期限までに作成し報告する……それを集約し発表する……それでもって○○が○○に至ったと公表する……」という手法は時代錯誤であるように思えます。

そんなことに執着しているような行政の下では、決して子どもたちの教育現場にはなり得ないことに注意を促したい思いです。

教員を信じ、縛りつけや拘束から解放し、ゆとりを与え、創意工夫に期待し、誇りと自信と勇気を復活させ、競争意欲と相互作用で高まりを期待できるよう、行政の変革を最優先にすべきです。

7　保護者等との繋がりへの手立て

保護者との連携や意志の疎通などが稀薄になっていることが、教育の大きな課題であると言われます。

ＰＴＡ総会や地区での話合いの場でも、同じ内容の指摘や要望が出されますが、なかなか実を伴ったものにはなっていません。

月一回程度の割合で、学級の状況や健康についての報告やメッセージなどを、通信として、保護者に届ける方法も考えられます。それを作成するのには、大した時間や労力を要さないでしょう。それが微妙な教育効果をもたらすことについて、教員へ語りかけてきました。

学級通信が、子どもにも保護者にも、大きな心の支えになり、家庭で共通の話題となるのです。中には、進路選択のヒントにもなったなどと、保護者が話されることもありました。

学期末の三者面談の際、成績中心の懇談で十分と考えている教員が結構あります。それ以外の懇談ができないのは、子どもについての把握が不十分だからです。

机上での「保護者との人間関係確立……子どもたちとの信頼関係……」などと、歯が浮くような美辞麗句を並べるだけになってはならないのです。

横着でそうなのか、多忙や他の何らかの理由でゆとりがないのか、子どもたちや保護者は、鋭く察知しています。

教員集団が正しく機能できるように、管理職人事についての再考も必要と考えます。馴れ合いや人脈に頼ったなどの疑義を伴うような起用は避けて、管理職として責任能力があり、教員が安心して教育活動に専念できるような人材の起用を期待するのです。

六　計画性・持続性の欠落

1　乏しい創意工夫の心

入学してきた子どもたちの力を軽んじ、こんなもの、ここまでのもの、という捉え方をして、自分たちに課せられた職責が何であるかさえも考えること無く、安閑と日々を過ごす状況では、どんどん子どもたちの心は学校から遠ざかり、元気を失い、授業規律の不成立・学級崩壊・いじめ・不登校・休学・退学などにつながっていきます。

教材研究もせず、子どもたちのやる気を引き出すなどの論議も乏しく、その日その場限りの授業をする教員は問題です。

どの子どもたちも、いろんなことを知りたがり、理解したがっていることを忘れてはいけないのです。

授業や講話がつたないと、学ぶ者に失礼です。

文教委員会で「廃校にしたら……」などと話題に上ったことのある学校に、一教員として赴任したことがあります。歴史も伝統もある学校でした。しかし、きつい日々ではありました。概要の一部分を記載してみようと思います。

生徒のほとんどが、手ぶらで登校し、教員は毎時間プリントと生徒人数の鉛筆を用意し、授業に行くことになります。

生徒の席順など無いと同じ、まじめな数人が教卓の前にいて、他のものは出入り自由、飲み喰い自由、飲んだ空き缶は教室内を飛び交う、冬季には配布されたプリントにライターで火をつけ床の上で暖をとる、あるいは走り廻って灰が教室内に充満、都合のいい教員の部屋で一日中だべる。弱いものに言いつけて飲食物を買いに走らせる、本気で注意する教員を集団で脅迫し唾を吐きかけての暴力行為、階段踊り場やトイレで喫煙はしたい放題、四階のトイレの便器や机が地上に降ってくる、トイレの便器には穴しか無く、ほとんどの小便用便器は、吸い殻が詰まって水は溢れっ放し、廊下や会談の蛍光灯は壊れたまま、登下校時はタクシーが数十台。ときにはあちこちでバクチク。何かもめごとがあると、どんな状況であっても生徒が群れ、奇声を発する。生き延びる術として、教員は生徒に迎合する、本気で体当たりしようとする教員を、子どもたちへの迎合教員がチクル！チクラレタ教員の車はデコボコにへこんで傷だらけ、アンテナなどあろうはずも無い……。赴任してから、車の横腹に蹴られた靴の跡ができ、天井はへこまされ、アンテナやサイドバイザーなどもぎ取られました。その車で通勤しながら、どうしてそんな状況になったか職員に話しました。

子どもたちにとっての最大の教育は、教員のありようであると、一生懸命に語りかけたのです。本当に理解できた職員は、どれほどいたでしょうか。機会あるごとに、語りかけたのですが、多くの職員は、他人ごとと受けとめるだけのようで残念でした。

現状放棄に終始すればする程、教員集団の意識が後ろ向きであればある程、教育効果は急降下し、加速度的に多くの課題が表面化することの怖さが理解できないようでした。

ＰＴＡ・同窓会・地域の心ある数人に支えられる日々でありましたが、校内に理解者や協力者が得られないことが最大の辛さでした。

《全校の子どもたちへの転勤者紹介と挨拶＝着任式》の時の状況を、先日のことのように思い出し、学校をあの状況にしてはならないと固く決意していました。

その着任式は、校長による着任者紹介――私が壇上で赴任の挨拶――ごく普通のセレモニーでしたが、見ると各クラスの整列ができていない。もちろん列などない。半分以上の子どもたちは団子状態で奇声を発し、動き廻っているのです。

噂には聞いてはいましたが、現実の凄まじさには、度胆を抜かれた感がしました。

そんなあまりにもひどい状況の中、数人の教員の着任の挨拶が進行していったのです。私の番がきて登壇しましたが、さんざんたる状況では、どうしても言葉を発する気にならず、子どもたちの方を何回も見渡してじっと待っていました。

不思議なことに子どもたちが列に加わりはじめたのです。わたしはじっと待った状況を維持していました。校長から私へ「その位で……」の催促の意味の言葉が二度ありました。自分の耳を疑いました。

「お前はここの校長さん?」と大声で聞きたい思いでした。決して私はいい格好をしようとしたのではありません。子どもたちへの怒りというよりも、何ら注意も指導もしない校長と教員を許せない気持ちだったのです。

その後「校長が変われば学校が変わる!」との意を強くし、校長の辞職を迫りました。PTAの有志から「学校の是正について話し合おう!」と誘いがあり、学校関係者から悟られることのない場所で、協議に加わりもしました。

PTA有志は、教員の名表持参であり、子どもたちの教育にとって、どの教員がプラスで、どの教員がマイナスか、克明に記載されていたのには驚きました。

さらに、その記載が詳細に及び、正確であったことには、なおさらびっくりしました。

PTAの有志は、そんな資料と子どもたち・保護者の願いを収集されて、さる機関へ直訴されたらしいとの噂が流れました。

結果的に、校長は一月上旬、病気休職（学校付）扱いとなり、そのまま退職されたのですが、そこに到達するまでに、ＰＴＡ有志はあらゆる状況把握と行動を展開されたとのことでした。

校内巡視・校内清掃・登下校時の挨拶運動・授業警備・列車乗車指導・保護者への啓発活動・同窓会検討・市内の巡視など、日夜職員の知らない場所で行われたのです。私も何回かは加わり、有志が把握された内容の正誤と是正策について思いを述べさせてもらいました。

次の校長は、教頭が自校昇任しました。教育観は聞いたことはありませんでしたが、少しは期待できると思っていました。しかし、その期待は、二ケ月で裏切られました。前任者と何も変わるところが無かったのです。

学校経営が難しかったのでしょう。実践を伴うことのない教員の無理難題に迎合し、事なかれ主義で身の安全を最優先されたように思え、失望しました。

生徒を考え、学校を是正するなどの思考は、伺うことはできませんでした。それ程まで教員集団の姿勢に問題があったことも事実で、校長として、どこから手をつけていいのか判らなかったのであろうと思うと、気の毒でもありました。またしても、ＰＴＡの有志が動かざるを得ない状況が生じました。その校長も、一年で配置換えになりました。

不思議なこともありました。教育委員会から担当者が学校視察をしたときのこと、事務室前から授業中の生徒の状況を把握されようとしたことです。

「もっと子どもたちの授業の状況が見えるように、各階を歩いて欲しい」と私はお願いしましたが、「いやあ、ここでいいです」でした。ゴム長靴・軍手・火挟み・ゴミ袋の姿の私が何をしているかくらいの見当はついたはずです。

「何をされてるんですか？」との言葉に「こっちに来てください」と一階のトイレへ案内しました。小便器は穴しか無い、仕切りが無い、大便の扉は無い、大便器は吸い殻で詰まり水は出ない、足元は唾とタンと吸い殻……悪臭が鼻をつく状態なのです。

各階のトイレは大同小異であることを告げると「凄いですねえー」で、次の言葉は出ませんでした。

子どもたちは、そんな場所でへたり込み、食事をすることも伝えました。私は、授業の空き時間は、一日中そのスタイルで、トイレと階段に張り付き、授業を抜けて次から次へと喫煙しようとやって来る子どもたちと会話していたことになります。

途中から、袋の中に、プリントとビタミンC入りキャンディーを用意し「授業へ戻って、これを舐めながらプリントでも読んだら……」と渡しました。「ワシにもくれえやあー」と男女の生徒が来ました。同じ言葉をかけて手渡しました。そのプリントには、男女の喫煙の怖い状況が記載されていました。キャンディーは舐める時間とともに、スッパさが強烈に舌に反応するものでありましたが、「ほんまじゃあー。タバコ吸わんでもすんだでえー」と、告げに来る生徒も出ました。

そんな日々を繰り返している二学期初め、トイレを棒ズリで擦っていたら、授業を抜けては好き勝手なことをする男子が「わりゃあートシじゃけん、わしが手伝うちゃろうー」と安全靴（喧嘩で蹴り合いのとき相手に恐怖を抱かせるためということでした）をビシャビシャにし、「わしゃあー掃除がうまいじゃろうがあー。済んだでー。またしちゃるけんのおー」と言葉を残し、仲間と玄関からタクシーで帰るのでした。

そんな子どもたちに嬉しさを覚えたりもしましたが、学校が急に変化するものでないことは百も承知でした。

次に挑戦したことは、校内を花一杯にすることでした。ごく数人の教員の協力で、玄関・廊下・教室の窓下などに、赤レンガを縁取りにした花壇を作ったのです。並行して苗を種から育てることを年配の教員の一人が引き受けてくれました。

花が咲き乱れる時期には「子どもたちがむちゃくちゃにするわい！」という心配とは逆に、水やりや草とりなど、手伝う子どもたちも出たのです。

子どもたちは、いいものを持っていて、発揮するきっかけやタイミングを逸しているのだと思いました。駄目なのは、教員集団そのものだ！の意を強くしました。

クラスの子どもたちが、次から次へと問題行動を起こし、一日に八軒の家庭訪問をし、午前零時を回って帰宅することもありました。

急性肺炎や心不全での緊急入院もしましたが、私は子どもたちや保護者とは、正真正銘の勝負をしてきたと思っています。

結果的には、私がつぶれるという心配があったのか、二年で配置換えになりました。一生懸命に学校の意義を語りかけてきた子どもたちのほとんどが、その後退学していったと聞きました。

その何人かと偶然に出会うことがありました。「ワレが居った時がよかったんじゃあーいうて思うわいやあー。アイツラ（教員）は、ワシらが辞めることをじっと待っちょらがってのおー」などと言うのを聞いて、「学校って何だろう？　教員って何？　管理職ってなに？」と考えさせられました。

そんな貴重な体験を私はありがたいと思いつつ、これを書いております。

2　遠足・修学旅行・行事などについて

概して教育現場の立案計画などは前例にならえ、で、その内容の乏しさなどから、消化行事的な扱いであったと思います。

子どもたちにとって大切な教育の内容を論じるよりも、どうやって行事を終了させるかについての方法論に終始する傾向はないでしょうか。

高等学校の遠足の例ですが、行き先など、子どもや保護者の思いや希望の把握は不十分で、実施することの教育的意味がどこにあるかなどは論議されず、従前の行事にならって行き先などが決まったりすることもあるようです。この例の場合、出発前と帰路の集合以外は、子どもたちは放任と言った方がいいような、自由行動の一日に思えました。

「学校を離れたところで行う子どもたちと教員の触れ合いはどこに消えたのか？」と、教員になり立ての頃は不思議な思いでした。

修学旅行の行き先は、教員の考えが先行したとしか思えない決定もあり、本来の意義などについて十分な論議は少なかったようです。学年付の教員たちの都合で日替りメニューの如く毎年変わることもあったようです。

保護者からクレームが付いたり、異論が唱えられると、いっぱしの理由付けはできるのですが、説得力のあろうはずはありません。引率は大変だとか、奉仕の精神だとか、手当が少ないなど、いつものやり方で、一件落着させるような事例もあったようです。保護者は納得されていないのでした。

経費も、計画時と終了後のものが大幅に違うことすらありました。引率教員は、万円単位の個人負担をすることもあり、管理職に向かって「こんな修学旅行があっていいのか？どこかから捻出して支払え！」と怒鳴ったりする場面もありました。

旅行社の添乗員に対する引率教員の偉そうな言動が目につきましたが、添乗員は決して抗うことはしないから、余計に図に乗る傾向があって困ったものと思っていました。

ある添乗員が「先生では機能しないし、できもしないのに、偉そうにするのがムカツクよなあー」と独り言を発したのを耳にしたことがあります。

教員個人の土産品を入れる袋を添乗員に用意させて知らん顔なんぞ許せないし、夕食後のミーテング時に業者負担の飲食へクレームをつけるなど、もっての外のことでした。

引率者への土産品を、業者が配るなんてことも平気で行われ、それに慣れっこになり、感覚的に麻痺していたのではないでしょうか。

添乗員にちょっとした不都合があれば、ものすごい形相で、言葉汚く怒鳴り散らす教員に対し、添乗員の気持ちは察するに余りあると、辛い思いもしました。偏った数人の教員の発言が優先され、落ち着き先がどうなるかなどは百も承知していても、原案への指摘や注文、修正案提示など、赤くなったり青くなったりしながら、一生懸命になったことを思い出します。

改善策や方法について校長に要望もしましたが、多くの学校行事はマンネリ的で、消化的でしかなく、気の重い時期もありました。


ある施設へ遠足に行き、他校と一緒になったことがありました。その学校の統制のある、実に楽しそうで、生き生きした子どもたちと教員の姿を目の当たりにしました。わが校の子どもたちは珍しいものでも見るかのように眺めていて、「お前らは、あっちへ行け……」という先方の教員の大声に、その場から遠ざかったのでした。

生徒たちは、何か別世界の子どもたちと教員に出会った思いで、自分たちの学校生活に思いを巡らせていたのかも知れません。「ええのおー。あいつらは……」と羨望の眼差しであったかも……。教員がどう感じたのか聞くと「それぞれ学校によって違いますからねえー。うちはうちですから」でした。残念やら悔しいやら……。

毎朝のＳＨＲでのことです。首を傾げるだけでは済まされないような担任がありました。

毎朝、十分間のＳＨＲが設定されていますが、前もって「この話をしよう！」と用意する教員は、ほとんど見当らないようでした。「今朝、子どもたちに何を話すの？」と聞くと「ハアー？」と返ってくるのでした。

六ケ年間または三ケ年間の毎朝十分間のＳＨＲ内容が、どれ程の教育的効果をもたらすのかについて、自分なりに学んできました。

そんな日常でありながら、人権や差別をテーマに設定された時間には、別人のような構えを誇示し、理想的時間であったかのように、相互に論評することもありました。

「自身の生活体験から遊離した、書物や他人の意見の切り売りに過ぎない、偏向した内容だよ！」と言いたい思いでした。

自論をもたず、格好のいいことばかりに終始し、いかに自分は素晴らしい人間で、素晴らしい生き方をしているかと錯覚をしているようでした。

「六ケ年間または三ケ年間を通し、同和教育基底論的視点での教育実践を！」をスローガンに学校教育が展開された期間も、随分長かったと思います。

「最高裁判決の事例を、六ケ年間または三ケ年間設定し、授業で展開される子どもたちの思いはどうだったのだろう?」と、当時を振り返り、反省したり、悔いたりしています。その時期は、雄弁さをもって授業展開ができるなどと、英雄気取りの雰囲気もあったようです。

そんな教員には「戦前の教育は偏向教育だ！　許すことはできない！」なんて断言する資格はないと思っていましたが、三十歳を越えるころまでは、直接コメントすることはできませんでした。

自分たちの現状について反省の色が無く、体制批判の内容に終始したような教育が展開されているとしたら、かえって怖い偏向教育になると思っていました。

教員の偏った主義主張を、子どもたちを利用した形で実践することは、教育の本質から逸脱し、彼らが生きていく上で、選択の権利を奪い去ることにもなるのではないかと、悩んだ時期もあります。そんな権利は、教員には与えられてはいないのです。

戦前の教育を云々する前に、己の人間冒涜の日々を反省すべきであろう、己の態が、即ち偏向教育であることを悟り、柔軟性をもって、経験豊富な実践者の言葉は、素直に聞き入れるべきであると思っていました。

主体性も行動力も向上心も弱い、成長が止まったままのような教員集団からは、子どもたちはその場しのぎ、その日暮らし、快楽的で刹那主義的生き方、方便的生活手法などを習得するであろうという怖さも感じていました。

決して諦めの思いに浸ってはいられない。現実に、子どもたちは学校の主として存在しているのですから……。根気強く、激しさを持って、議論できるエネルギーを蓄え、一人でも二人でも仲間を増やす行動を大切にすべきと、自問自答しました。

3　進路保証への視点及び日常的取組みについて

日常的に子どもたちの把握ができていないから、個人個人に適合した、時期を逸しない面接指導や教科指導などが実践されません。

子どもたちの生活実態を把握できずして、自己を見つめさせ、自己変革にむける示唆など何もできっこないのです。教員の部屋を訪れる子どもたちと興味本意に、テレビの視聴率をあげるだけの番組を話題にしていることがあります。それでも教員の部屋に来る子どもたちは、まだいいかも知れません。

SHRと授業以外に教員との接触がない子どもたちは、一体どんな思いで一日を過ごしているのでしょうか？　子どもたちの中へどんどん出るべし！「用事があったら自分から来い」は教員のご都合主義です。尊敬していない教員の所へくるはずもないのです。

こうしたことは、時間と場所を問わず、全ての子どもたちへの声かけや行動を共にすることを、教育の原点にしている実践校の先生から、多くを学ぶことができます。

育つ・育てる手立てが心身両面で講じられなくて、卒業学年になれば、「進学はどこにする？」「就職はどうする？」「あなたの力では無理ねえー！」なんてことを平気で言っているのです。

「卒業して、何かあったらまた来いやあー」とか「六ケ年・三ケ年の力を発揮し頑張って……」と、子どもたちにとって、空しい言葉を平気で言ってしまう無神経さはないでしょうか。

「現状維持にあぐらをかいた傍観的教員では、永久に来るはずないよ！」と言いたいのです。

担任でもクラブの顧問でもなかった一教員に、年間七回から十回も卒業生から結婚式や酒宴への招待状が届くことは、何を意味しているのでしょう？

学校のいろんな場面で、正真正銘人間的触れ合いを心がけてきたことの証であろうかと、誇りに思うことがあります。

「よくも私のことを記憶していてくれた」と感謝し、子どもたちにとって、日々の生活で何が大切なのかについて、改めて考えさせられました。

基本は、教育への情熱と決断と実行力を、いかに早い時期に、自分なりのゆるがないものに確立させるかにあると思っています。

子どもたちが好き！　人間が好き！　実践が苦にならない！　先輩教員から盗む！など、教員としてのイロハのイが大切です。

なにかと目立つ子どもたちに表面的な対応に奔走するだけで、教育実践が事足りることはありません。放任状態の多くの子どもたちを生んでいることに、早く教員が気付き、行動が展開できる、当たり前の学校にしたいと思ってきました。

子どもたち・保護者・卒業生・地域住民などからよせられる希望・意見・苦情などに充分に応えられるよう、報告・連絡・相談を充実させたいと思いました。

ある種の限られた教育分野にだけ生き甲斐を持ち、論戦を張ったりする教員や、実践への意欲と実践力の貧弱な教員は、課題を多く抱え、多様化した今日の子どもたちにとって、何らの教育的影響をもたらしていないことを、多くの事例が証明しているように思うのです。

4　パソコンなどの機器導入による功罪

いろんな機器が学校現場に導入された頃から、子どもたちと教員の触れ合いの場面が極端に減少し、学校が変わってきたように思います。

その結果、子どもたちを放任したり、機器に向かって自分だけは仕事をしているような錯覚に陥っているように見えるのです。私の受けとめ方は、間違っているでしょうか。

本来、教員の仕事量の軽減と効率化と適正化などの目的で導入されたはずの機器が、正しく現場で活用されているのだろうかと疑問に思うのです。

時間があれば、それらの機器の前に入れ替わり立ち替わり座り、生徒との接触はほとんど無に等しくなってはいないのでしょうか？

「いついつまでに……をしなくては……。忙しい……疲れた……」など、作成原稿や資料の内容は、印刷物もかつてはガリ板で作成し、修正液が乾いて再度記入し、輪転機などで印刷した、心のこもったものであったように思います。

今は確かに、早くてきれいなものができます。でも、作成が目的ではなくて、子どもたちとの接触や意志の疎通を通し、諸々の活動の更なる充実発展を図る狙いがベースになっていなくては、響くものも弱いでしょう。

ガリ板の時代は、いつも教員は、子どもたちとの触れ合いを念頭に置いていて、それを最優先し、みんなが帰った後などに、必要なものの準備をしたような気がします。

空いた時間は、すべて子どもたちとの時間に費やしたのであり、部屋にじっとしている教員は、年輩の体調不良の教員あたりであったように思います。

教員の多くは、放課後や休暇中のクラブ活動へも積極的に出たり、子どもたちもいろんな場面で、教員から多くのものを得たり、影響も受けました。

その人間的つながりは、卒業後も切れることがないような、内容豊富で強いものであったのではないかと思うのです。

いまは「忙しい……疲れた……やってもしょうがない……」の思い込みで、子どもたちを粗末にしてはいないでしょうか。

授業だけ、または、二十数坪の教室内での子どもたちとの接触だけでは、到底真の人間的触れ合いはできないし、信頼関係も希薄なままに終わってしまいます。

その上、子どもたちの実態を把握せず、分析も不十分なままの、無計画で行き当たりばったりの授業であっては、なおさら不幸な出会いにもなるでしょう。

勤務時間内は、子どもたちと共にする教員の姿が、あちこちに溢れるべきです。先輩教員の多くは、子どもたちが下校してから、授業の予習や一日のまとめや明日の計画など、効率よくこなされていました。校長や誰かから命令されたり強制されたものではなかったように思います。先輩教員の模倣であり、盗みであり、そのうちに自分流のものが出来上がっていったのではないでしょうか。

尊敬できる先輩教員や恩師のことを念頭に、「それに近づき、追い越そうとするには、どうしたらいいのか……」くらいの悩みはあって当然だと思うのですが……。

「自分あっての子どもたちではない！　子どもたちあっての自分である！」ことの理解が何故できないのかと言いたくなるような場面に遭遇することもありました。

あたかも、機器活用の能力がすべてでもあるかのような錯覚がまかり通るようでは、充分な職責は遂行できないでしょう。

子どもたちもそんな状況にいつの間にか馴らされて、それが先生だと思うようにすらなってはいないでしょうか。

表面上は、文句や苦情もほとんど出ることはなく、教員はますます現状維持型に陥る傾向がないでしょうか。

「あの子どもは難しい、自分とは合わない、卒業までに何かやらかすのでは、保護者がねえー……」などと言うことで、教員は己の無能さをカモフラージュしていないでしょうか。

そんな場面に居合わせた時には、「とことんやってからにしろ！　聞きたくもないわい！」と語気が強くなってしまうこともありました。

「人間って楽しいなあー。人間って面白いなあー。人間ってすごいなあー。人間っていいなあー……なんて状況は、学校では作れないのかなあー」と思うのです。

子どもたちと教員が触れ合い、競い合い、求め合う営みなどが、教育の本筋であり、力のもとであり、そこから子どもたちの学習意欲や進路確保への努力が、生まれてくるのではないでしょうか。

導入された機器に教員が振り回されているような状況下では、子どもたちの姿は見えてこないし、教育の目的達成は、遥か彼方のように思えるのです。

子どもたちにとっての最大の教育は教員集団そのものであり、決して「文明の機器」の導入ではないと思います。この意味を、どれだけ本気で考え、相互に協力して実行できるかが、山積する課題克服の鍵になるのではないでしょうか。

子どもたちの将来を、左右のどちらへでも導くような、大きな影響力を持っている素晴らしさと怖さも、合わせて考えることが大切であると思います。

人間を横にやって、効率的であることを教育の最善とするのなら、テレビなど通信機器の充実に重点を置くとよいでしょう。

極論すれば、学校という施設も教員も不要になるのでは……と不安を抱いてしまいます。

素晴らしい人間の出会いを外しては、学校そのものの存在意義も疑わしくなってしまうからです。

「それに近いですよ……現実の学校は……教員は……行政は……」と言いたい気もします。だから、「今じゃけん、先生がんばって！」と声を大にしたいのです。

5　乏しい精神的かかわり

子どもたちの生活において、教員の精神的なはたらきかけがいかに大切であるかについて、自己反省が必要であることを、もう少し述べたいと思います。

「子どもたちは千差万別でも、一人残らず勉強したいのです。理解したいのです。やればできる自信と勇気も得たいのです。将来への希望を持ちたいのです」と考えることが大切でしょう。

教員が、子どもたちの現状のままに「ここまでのもんよ！」という意識になっていては、何ひとつ動くものは期待できません。

その点、有名予備校の人気ある先生の、人間性溢れたレクチャーや随所のプロ意識など、学ぶこともあっていいのではないでしょうか。

「顔形すら異なるが、言うこと・なすこと・雰囲気までも、退屈そのものの教員集団だったら……何が変わる？」と天の声が聞こえそうです。

個々の教員の生きざまから、人間性をふんだんに出させ、独特な情報提供などの努力を競い合える、プロの職場であって欲しいと思うのです。

子どもたちは、そんな教員に飢えているのではないでしょうか？　映画やテレビドラマで学校が舞台になったものが紹介されることがあり、その視聴率が高いことは何を物語っているのでしょう。

現実の学校とのギャップに悩み、そこに自分を透視しようとして、救いを求めようとしているのではないのでしょうか。

「子どもたちの、自分を判ろうとする欲求を順序立て、大切に育んでやりたい！」「精神的なアプローチをしてやりたい！」「唯一無比の人間としての対応をしてやりたい！」「同じ人間としての苦悩など、惜しみなく提示することもしたい！」「あらゆる場面で、実践できる教員集団でありたい！」と思うのです。

彼等生徒は一人ひとりかけがえのない人間として、いろんな欲求を持って、一生懸命に生きようと、諸々のサインを示しているのです。スタートの段階で、そのことを見失うと、以後の学校生活で、子どもたちの心に訴えるものは、非常に少なくなります。

教員の側が、子どもたちの送るサインを正確にキャッチできるだけの心（生徒を人間として尊敬する柔軟性ある心）と、的確な対応ができる力を備えていることが大切です。

そんな条件を備えた教員は、いらだちを覚える程少ないように思え、残念です。

学校には、全体の職員会議の前の段階で委員会が存在し、原案的なものを協議するのですが、出席委員の意識と資質に問題がありそうな場合もありました。

子どもたちの状況や学校の実態（職員の実態）についての問題意識、教育現場の疑問、教育ビジョンなどが稀薄な委員が出席したのでは、形式的な意志表示しかできないことになるようです。

このようなことは、年々エスカレートする傾向がありました。

行政の大方の捉え方では、「校長の諮問機関としての《企画運営委員会または校務運営委員会》は、スムースに運営され、実を伴っている」ということのようです。

高等学校の例として、教員は「地元の子は地元の学校へ！」とか「全員入学を！（定員内不合格排除）」と主張してきました。

地元の小中学校教員・保護者・住民などは、評判のかんばしくない地元高等学校の実態について、実に正確な情報をもち、評価されます。

いろんな交流の場で、「誰がお前の学校などへ行かすか！　あんたの子を行かすか？私立に行かすわい！」といった声を直接耳にすることがありました。

大変な問題を突き付けられているのですが、多くの教員は旧態依然で、「教育現場のプロとして、人間としての恥ずかしさは、どこに消え去ったのだろうか？」と不思議な思いもしました。

子どもたちの姿は、即教員集団の姿であり、教員集団が変わると、子どもたちも変わるものと一般的には思われています。当然のことです。

教員の「子どもたちに向けたアンテナが壊れているか？　錆びついているのか？」……錆びているのなら磨けば可能性はあるが……人間として壊れている者は、教育現場から去る以外にはない、のではと思うこともありました。

新採用教員の免許更新制度導入が検討されているようですが、既に教職に就いている者は該当しないようです。現実には、新規採用者の多くは、先輩教員や管理職の影響で大きく左右されることは、過去の事例が物語っています。

新規採用者を対象に、十年単位で免許更新制度を適用することだけでは効を奏することは難しいように思えます。むしろ、既に教職にある中弛みの年齢層などに適応されることを期待したいものです。

義務教育にあっては、市町村教育委員会と県教育委員会が連携して、審査し、解雇も含む対処をするのだそうですが、校長の具申が大きな決め手になりそうです。

教育の視点で、正しく、教員一人ひとりが把握でき、具申でき得る人間性豊かな校長であることを願っています。

また、公平を期するため、教員全体や保護者や地域住民（場合によっては子どもたちも）なども、何らかの方法で、協議に参加できればいいのではないでしょうか。

大切なことは、研修期間の設定とか解雇などのときに、子どもたちや保護者や本人自身が、理解し納得できることだと思います。

免許更新制度の適用は、いろんな抵抗など難しさも想像できます。保護者有志と教員集団との教育懇談会を、全生徒の前で実施してみては……なんて思ったりもします。

一方で、どんな状況下でも、頭の下がるような実践をされている教員があり、救われる思いになることがあります。

「でも、現状をおもえば、急がなくては」という思いが募ります。

七　生徒指導面

1　退学生徒・他校生・部外者の校内徘徊への対応

授業中にかぎらず体育祭、クラスマッチなどの行事のおりに、車やオートバイでいろんな部外者（休・退学生や家庭反省中の生徒やその仲間の他校生など）が校内へ来ます。

「先生！　部外者が噴水の所に来てますよ！」と職員が電話をしてくる場合がほとんどでした。自分では来校者には近づかないのですが、私がその場に行き彼らと話している様子を、窓を少し開けて、覗いている気配がありました。

授業中とか行事の趣旨を誠心誠意の言葉で伝えると「ウン。判ったけえー。帰るわい」とすんなり行動に移すことができる者が大方でした。

彼らは、教員の遠巻きの様子窺いに気づき、不満らしい言葉を発することもありました。彼らのこれまでの経験からでしょうか、「見て見ぬ振り、無視される……」などへの、いたたまれない思いがあったようです。

彼らの多くは、物事に対する純粋さは十分に持ち、大人に対する独特の見極め術も備えているようです。その辺りを配慮しつつ、余計にでも誠心誠意接することが大切です。

「子どもたちの生い立ちに配慮して、子どもたちの思いを大切に……」などの主張はよくできるのでした。ところが、子どもたちを根底に据えた、さまざまな場面での行動はどうすべきとか、日々の実践はどうなのか、などについては、多くの教員にかなりの課題があったようです。

《高等学校の例》

いじめ問題で、生徒が退学となりました。その生徒が授業中の校舎内を他校生徒とうろついていました。私の学校の生徒が休憩と同時に、彼らに群がっていきます。

いつものように、遠巻きに見ている教員の姿があります。ひどいいじめの対象になった生徒を守るため、校内巡視の割り振り表が出されて四日目のことでした。

窓越しに私に手を振る一人に向けて「降りて来い！」のサインを送ると、走って来ました。「もう一人も連れて来い！」と伝えると、素直に呼んできました。彼らの言葉は「ワシラを先生は遠くから見て、何も言わんし、手で、帰れ！　帰れ！のゼスチャーをする。

忘れ物をとにり来ただけじゃのにのおー。この前まで、ここの生徒じゃったのにのおー。腹が立つでよおー」でありました。

「状況判断を誤ると問題になる可能性が強いぞ！……今の雰囲気から、どうすべきか判断せにゃあーいけん！……」と言って聞かせました。

「わかった。すぐ帰るけん」と返事があり、二人を校外まで送りながら「いらいらしたり、自分で判断できんようなことがあったりしたら、電話でもせえやあー」と告げました。

「ありがとう。もう来たりはせんけえー。連絡するけえー。サイナラ……」でありました。そのやりとりの様子を校舎の窓から職員が見ているのだから……どう理解したらいいのかと思案もしました。

この退学生徒のことですが……。

入学した年の一学期に集団宿泊訓練を実施しました。現地到着直後の宿舎内で喫煙が発覚。数人の引率教員が「該当生徒八人の保護者に遠路引き取りに来させる」決定をし連絡をしました。

夕方、集団活動の場所へ引き取りに来た保護者の表情は、不満そのもので厳しいものでした。一方で、保護者への対応は団長の私がする、ことも私への事前の打合せもなく、決定していたのです。

保護者は、しぶしぶ納得、我慢という状況になり、生徒を引き取って連れ帰ってもらうことになりました。

誰かの思いつきで、先行きのことも考えず、ことの重大さもわからずに決めていたのでした。

日常的に教員と子どもたち・保護者との人間関係の確立がなされていることが大切であり、小・中・高と子どもの年齢や校種は違っていても、これは教育にとって大前提です。この事例を持出しながら、子どもたちの成長過程に大切な要素について、口が酸っぱくなる程話してきました。

子どもや保護者の姿を否定的に捉えてからのスタートでは、結果的に不満や恨みつらみしか残らないことがしばしばです。

「事務的に対応をしている」と思われても仕方がないようなことでは、「先生……あなたは何様？」と問われているのだと反省すべきです。

「人間っていいなあー！」という思いが根底になくては、日々の教育に専念できるはずはありません。

「自分はやっている！」なんてごまかしは「いい加減にしろよ！」と言いたいのです。

「自分はやっているのに……」と訴えながら基本的な資質を失った教員を放任している現実を早急に改めない限り、この危機的な状態は永遠に続き、子どもたちは失望し、失速し、窒息し、自暴自棄などになっていくのではないでしょうか。

反面教師ととらえて自分で実践できる力を備えた子どもたちがごく少数あり、たくましく成長することもあります。それは保護者の教育力や学校とは異なる場所での教育力によるところが大きいようです。

子どもたちと教員の触れ合う場が、二十数坪の教室内での授業に限定されるとしたら、いじめの実態把握など何一つ見えてはきません。問題が表面化した時の対応などもお粗末至極となり、学校不信を拡大することにもなるようです。

いつものパターンでは「ほかの誰かが……」に終始し、時間が経過すれば忘れ去られる。いじめなど、子どもたちの抱えているいろんな悩みや問題について、知ろうとする努力を怠り、徹底的な論議を回避する傾向はないでしょうか。

学校の責任の一部はそこにあるのに、それを覆い隠す点では管理職と教員が一致して、勇気ある教員の発言は内部告発になるというのでしょうか、いろんな方法で口封じを受けることにもなるようです。

学校の問題をさらけ出すこと無くしては、いじめや子どもたちに覆いかぶさるいろんな課題は解決されないと思うのです。

2　生徒指導における現状維持と計画・継続性

六年あるいは三年間を見通しての、年毎の生徒指導についての計画性は、非常に希薄で、具体性・現実性を欠く傾向があったように思います。

校外からの指摘で、やっと立案して計画提示をするなどのことがあり、その認識や実践の弱さなどに、多くの保護者や市民から呆れられることもありました。

子どもたちの前に出て、教育の全般について、熱い思いや実践に基づいた説得力ある話などが、自信をもってできるような教員であることが大切だと思います。

少数の本気の教員については、子どもたちはよく把握し、心得ているから不思議に思えました。子どもたちの方が、ずっと人間を評価する能力に優れているようです。

中学校や高等学校では、各学期に一～二回の学年単位の全体指導が実施され「ズボンの丈が長い、スカートの丈が短い、靴が……、頭髪が変だ……」と生徒指導の厳しい言葉が発せられます。

平生、生徒との触れ合いが希薄で、指導がされていないような放任型・現状維持型の状況が変わらない限り、子どもたちの思考や行動はどうにもなりません。

当然と思える、声かけ、自主的な校内外巡視、清掃活動状況の把握と共働……の実践は、極少ない教員に限られていたように思います。

しかも、教員が「子どもたちに強くかかわる！」ことに無自覚の状態であったとしたら、子どもたちは心身両面とも、何も変わらないことになります。

そんな教員に限って「本校の子どもたちは駄目だ！」と処理してしまう傾向があり、腹立たしい思いもしました。

子どもたちの「いろんなことについての理解や自信や勇気や元気を持ちたいんだ！」「現状脱却して成長したいんだ！」「拙いことはしたくてしてるんじゃあない！」「どうにかして欲しい！」などのサインをどうして受けとめることができないのだろうと不思議です。子どもたちに「先生から何の注意もされないで嬉しいか？　無視されることが、どれ程人間として悲しいことなのか、判るか？」と投げかけると「うん。そう思う」と言葉が返ってきます。「子どもたちは、いいものを沢山に持っていますよ！」「強くかかわる程、反応してくれますよ！」とぶつけますが、無反応に近い教員もありました。

3　時間厳守ができない教員

勤務時間や会議・出張・研修などの時刻を厳守されないことが多すぎるように思います。

早朝の一〜二時間の遅れや年休、勤務終了前一〜二時間の所在不明などは許す訳にはいきません。

校内放送で周知徹底しているはずの会議でも開始時刻厳守の連絡などをせざるを得ない現実がありました。「なんで？」とか「忙しい」とかに対しては、「言うな！　決まったことに責任ある行動ができないで、子どもたちへ何を言っても、説得力などあるはずがない！」「言い訳は聞きたくもない！」と吐き捨てるように言うこともありました。

ある教員は、キョトンとした表情で、恥ずかしいという雰囲気すらも窺われないようなこともありました。残念ながら、学校はそんな教員も包括しているのでした。

指摘や注意をすると「怖い存在である」と教員が言っていることも承知していました。「こうこうだから、時間は厳守しなくてはならないのですよ……」なんて説明や「あなたは、遠距離通勤で大変ですから……」などと慰めの言葉が必要な教員が存在するとしたら、戦力にならないので、即刻退職して欲しいなどと激しいことを言うこともありました。

間接的に伝わって、一週間は改めることのできる教員も現れました。「やればできる

じゃあー」と声をかけたものです。

暫くすると、もとの状態にもどることもありますが、その場合は、二度と言わないで、

じっと変化を待つことにしました。

「どこの世界に、給料をもらう教育のプロとして、時間を守れないで許される場所があるか、恥ずべきだ」とか「子どもたちへの説得力の無さ」などについて、各チーフを集めた会合でコメントし、実行に移すことを期待もしました。

「タイムカードを導入したら変わるかなあー？」なんて皮肉もつけ加えることもありましたが、虚しい思いになることの方が多かったように思います。

生徒にとって悪い教育環境は払拭しなくてはならないという共通理解は、机上でのみ可能であったようです。

教員の評価制度（勤務評定）は、充分に機能しているのでしょうか。教員の多くは「仕方なし！　でも納得はしてないよ！」と思っているのではないでしょうか。

人間性豊かな学校長の公平な把握と評価がなされることが前提です。そのことが、子ど

もたち・保護者・地域の方々・教員から、教育者・管理者として尊敬に値していると評価されるように思います。

「時は金なり」「学校は子どもなり」が学校の基本に息づいていることが大切だと常に思ってきました。

インフルエンザ流行だからと、教員が連鎖反応的に欠勤のオンパレードするようでは示しがつかないのです。「子どもたちは頑張って登校しているではないか！」と言いもしました。週休二日制の実施前でありましたが、土曜日は半日休暇で、日曜日と二日連休にしておきながらの月曜日の遅刻、欠勤、早退教員の目立つことが気になって仕方がありませんでした。

そうしたことが固定化した教員に対して口調も鋭くなって何が悪い……と言いたい思いでした。

遊び疲れて、飲み過ぎて翌日を欠勤するなんて、感覚の麻痺も甚だしいことです。

これらすべては、究極的には教員の指導・監督の立場にある学校長の姿勢と在り方、それを補佐する教頭のありようにかかっていると思いますし、その責任は重いのです。そして、教育行政の不正確な、教育現場の実態把握と無策とも思える現状課題への対処に異議を唱えたい思いにもなりました。未だに、厳しさは伝わって来ないように思えます。

III　先生！……先生！……聞こえてるの？

「こっち向いて！　話聞いて！　一緒に遊ぼうよ！」

はじめに

教育の問題点や課題について、いろんな場面で多くの方がコメントはされるものの、必ずしも実情は良くなったと言い切れないように思えます。

日本を支え繁栄させてきた、素晴らしい精神と実践を継承せずして、戦前教育をやたら批判することに終始したり、民主主義教育の誤認による悪影響ばかりが、現在の教育現場に満ち溢れてはいないであろうかと不安にも思います。

現状を半ば肯定的に捉えて、形式論や方法論ばかりが注視され、教育の本質的な部分、すなわち子ども中心の「生きる力・心」の面については、教育行政に本気の論議と実行が欠けていないでしょうか。

「最大の教育条件＝教員集団の資質」であることの、出発点に立ち返った、本気の施策の時期（遅れた感も強いが……）であると思うのです。

責任転嫁や一時的方針や部分的変更としか見えないような施策では、「教育の是正・改革」は、虚しい結果になるように思えます。

「何はさて置いてもまず人！」であり、そこから教育が出発するのであり、教員のありようが、もろに反映されることの怖さについて、行政や教員の自覚と責任が問われていることに、真剣に取り組むべきでしょう。

決して、行政や管理職の権威づけの手法（器や形式や方法論）に頼り過ぎてはならないと思います。教員が主体性を発揮し、自信と勇気と責任をもって、子どもたちの教育に専念できるよう、条件整備に努めることが、行政の責務ではないでしょうか。

自信も勇気も情熱も行動力も恥すらも失ったような風潮と放任状況が、現場の流れの中にはないでしょうか。

子どもたちも保護者も国民もこぞって、教育が軌道修正され、大きな社会現象や問題となっている青少年の諸課題が解決され、地域に住んで、日本に住んで良かった、という状況になることへの願いがあるように思っています。

三十数年間教育に携わった経験と思い悩んだ視点から、子どもたちの教育について、今ぎりぎり、何を復活させることが大切であるかについて、最前線の教育実践者たる先生方への期待を込めて記述してみようと思います。

一　子どもたちのサインや叫び声は聞こえますか？

二歳を過ぎた子どもが、大好きなおばあちゃんに預けられ、楽しく元気に「おばあちゃん！　おじいちゃん！」と遊んで一日を終えます。

でも、二歳の子どもの本音は、一日の中で何度も「ママ……ママ……」のようです。テレビから聞こえる会話や祖父母の会話内容から、大好きなママを連想し、両目一杯に涙を溜め、唇だけで「ママ……ママ……」の姿がとてもいじらしいのです。

そのような孫を見ながら、その時期の子どもの環境が、後の成長に大きな影響を及ぼすだろうと、再認識させられた思いでした。

子どもの成長過程におけるさまざまな影響を、幼稚園・保育所・小学校、そして中学校、場合によっては、高等学校でも考えてみる必要があるようです。

年齢が低い程、環境の影響は大きく、測り知れないものがあるように思えます。

小学校入学後、子どもたちは、自分の担任に大きな期待と不安を抱いて日々を過ごします。

声を掛けられ、誉められ、叱られ、勇気づけられ、一緒に唄い、一緒に笑い、一緒に悲しみ……そうした営みが、随所に見え隠れするような学校の一日であって欲しいものです。

朝、昼、放課後、子どもたちは、先生の一挙手一投足を精一杯の期待をこめて見つめているはずです。

だから、「先生！　先生！……」の連呼になるのでしょうね。職員室へ出向き「〇〇先生！　〇〇して遊ぼう、ねえ先生！」と訴える子どもには、ある勇気が要ったはずです。

先生の返す言葉が「うん！　今忙しいので、今度ね！」であったり、ましてや、子どもの顔すら見ないで返す言葉であったら、……どうでしょう。子どもの表情から心を読み取ることが、とても大切になります。

子どもは、先生が大好きですから、その僅かなやり取りを、帰宅後に母親や家族に「〇〇先生が、今度〇〇して遊ぼうと言った！」と嬉しそうに話すことでしょう。

翌日か数日後の大休憩や昼休みや放課後などに、「今度ね！」の先生の言葉に期待し、「〇〇先生！　〇〇して遊ぼう！」となるようです。

先生は「今日は、今から会議があるので、今度ね！……」と、また、先生の視線が机上の資料に注がれたままの言葉であったら……。

子どもは帰宅後、母親に「もう○○先生に○○して遊ぼうと言わない！」と厳しい表情で告げるでしょう。

母親が「先生は忙しいからねえ！　仕方がないんよねえ！」と、子どもに言って聞かせることで、子どもの心の隙間を、どれ程埋めることができるでしょう。

子どもと憧れの先生という大人との出会いによる関係は、非常にもろいものになってしまうでしょう。

そんな、すぐにも忘れてしまうようなきっかけがもとになって、やがて、勉強の些細なつまずきなどから、勉強嫌いになったり登校が思わしくなくなったり、言動が荒くなったりするといったことに結びつくこともあるようです。

子どもと先生との出会いと心の結びつきを通して、子どもを見、生活の節々で、言葉をかけていくことがとても大切であると思います。

一見、なにげなく思えるそんなかかわりが、子どもの自信や勇気に繋がり、お互いを認め合い、大切にする心と行動力の育成になることもあるのではないでしょうか。

そんな、子どもの心の動きに十分な配慮が損なわれることのないように、努力がなされているでしょうか。

先生の責務として、自分では払拭し切れない問題が子どもにある場合、それを知る努力と、さらには取り除いてやる方策を、学校総体で講じることが大切であるように思います。

先生は、教室内で教科の学力をつけるだけで事足りるのではありません。子どもたちの抱えている、また置かれている諸々について把握し、問題を除くよう力を注ぎ、示唆などを与えるべきです。

一見地道に見える実践が、最終的には子どもたち自らが意欲を喚起し動きだすことにもつながり、学力の伸長にも結びつくものと思います。

そんな初歩的な営みが、できない、あるいは不十分なら、できない理由を自ら問われるでしょうか。仕方がないと思われるでしょうか！　それとも、できない条件の払拭に努力されるでしょうか。

先生の置かれた昨今の状況は、厳しいと言わざるを得ないようです。

しかし、最大の犠牲者は子どもたちです。「子どもたちの健やかな成長を期して……」とお題目のように、いろいろな場所で言われてきました。「空しさはありませんか？」と尋ねてみたい気がします。

人対人の関係において、諸々の影響力は、低年齢ほど大きくて強いようです。それが小学校、そして中学校へと移行します。高等学校になっても、違った形の現われ方をするなど、受けた影響は生き続けるようです。

教育は、学力伸長は勿論のことですが、その基本であるべき心への関与が疎かになっていては効果的にはなりません。

今こそ、年齢に相応した精神的アプローチとは、一体何を、どのように……と、認識を新たにすべきでしょう。

さまざまな悪条件がある場合にはその払拭のために、職員一同の強い結束に社会的な支援を繋ぐ方策も必要かと思います。

先生の職責には、子どもたちにとっての悪条件などの把握と、それを取り除いてやることも課せられているのです。

教育委員会や校長の権限の拡大とか、自己責任追及の強化策などに囚われていては、子どもたちにとっての学校とは、「便宜上、仕方無し、なんとはなし……」となるようです。

こんな繰り返しが、どれ程続くのでしょうか？　基本的な視点を外したような施策によっても、一時的に数値の伸びや変化を見せることはあります。

学力の基礎・基本定着度調査に見られる上昇も、学校教育の功績と言って喜べない部分は匂ってこないでしょうか？

対象学年やクラスに障害（主としてこの場合は知的障害）をもった子どもが在籍した場合と、そうでない場合のデータ処理について、明確な説明は発表されたでしょうか。

調査当日、子どもを休ませた保護者はなかったでしょうか。あったとしたら、その子どもと保護者の心中は……と思ってしまうのです。

不登校やいじめや問題行動などについて「昨年度は、一昨年度に比較して……云々」と教育委員会の発表があります。その場合には、簡単な増減の説明が添えられているようです。

不登校は、年間三十日以上欠席の子どもたちを指して言うらしいのですが、朝登校し、二時限目に早退の場合や午後登校し、六時限目に早退や保健室休養など（実質不登校と考えられる）の子どもたちのカウントはされていないようです。

そんな子どもたちに対する学習の手立てなどは本物と言えるでしょうか？　それとも、気にはなっても手立てができにくい事情があるのでしょうか？

市町村教育委員会によっては、いろんな事情により登校ままならない子どもたちへの教育相談の一環として、指導員が配置され、訪れる子どもたちへ教科の指導や精神的な手当てを講じるケースも増加する傾向にあるようです。

虐待を受ける子どもたちへの、県の施設は増えているようですが、決して、十分とは言えません。

それらに出入りできる子どもたちは、少なからず救いもあるように思えますが、そうでない放任状況の子どもたちがあったら、どうでしょう。

相談室などを訪れるには、保護者や学校長や教育委員会の連携が必要です。ところが、保護者と学校の不十分な連携や相談室等へ出入り後の、学校と相談室の連携の稀薄さなどは何を意味しているのでしょうか？

かつての学校は、不登校の子どもが一人でも出たら、総力を挙げて協議し、実践を展開し、立ち直りの兆しを見つけ出そうとしたものです。

そうすることが子どもたち全員のプラスになると、一致協力しての実践であったように思います。

ここ数年、先生方の口癖の多くは、（すべてとは言いません）「忙しい！　時間がない！　疲れた！　いいとは思わないが仕方がない！」などのようです。

退職してからは、小学生の登下校時間帯に、声掛けのボランティア活動をしています。

その僅かな子どもたちとの触れ合いを通して、次のようなことを考えさせられる昨今です。

元気よく挨拶でき下校してくる子どもたち、下向きで、どこか疲れ、精神的に沈んだように思える子どもたち、声掛けにジロッと視線を流し無反応な子どもたち、「塾に行くんです！」と足早に通り過ぎる子どもたち、通りざまに「こら！　じじい！　肉を喰ったのは何時じゃあ？」とムキになって言う低学年男児（それを聞いた高学年女児が「この前も注意したのに、もう二回も同じことを言う！　明日先生に言うけんね！」）、声掛けの相手によって、反感とも敵対感とも思えるような視線の高学年女児など、いろんなことが伝わり、考えさせられます。

子どもたちは、それぞれの家庭の状況や、いろんな精神状態で、何かは定かでないにしても、学校と先生への期待を抱いて登校したことだろうと推測もしてみます。

一日の学校生活で、子どもたちに対する先生方の対応はいかがなものであったろうか？などと、瞬時に通過して行く子どもたちのやりとりや姿から、思いを巡らせています。

個々の先生は、時間に束縛されないで、子どもたちと精一杯の触れ合いを切望されながら、自由の利かない日々に心を悩まされ……というのが実態であったら、教育者として辛く悲しいことと言わざるを得ません。

先生たちは、生きた子どもたちの姿が見えにくい状況に立たされてはいないでしょうか。そんな状況下で立案・計画や資料作成、研修や会議などに、多くの時間を費やされてはいないでしょうか。

暗黙の了解とも言える、連日の大幅な勤務時間超過の実態を、どれ程教育委員会は正確に把握されているでしょう。把握していて肯定されているのでしょうか。

「○○の教育効果が、○○」とコメントすることは可能だと思いますし、事実行われているようです。だが、それは本物の教育によるものではないように思えるのです。

先生にも家庭があり、子どもがあり、いろんな悩みがあり、健康に不安を抱いたり……などという現実を理解しなくてはなりません。

子どもたちにとっての先生が、明るく、元気はつらつで、自信と勇気と活力を復活させるために、保護者・行政・管理職・地域社会は、条件作りも忘れてはならないように思います。

かつて先生の多くは、一日中子どもたちと触れ合い、日暮れと共に下校し、子どもたちのテスト問題や保護者向けの通信など、鉄筆を手にガリ版に向かったようです。配布物の大方は手作りでした。何かしら、先生の人間性が読み取れる、ほんわかとした味わいのあるものだったような気がします。先生全員が、子どもたちの教育に前向きであったのではないことも承知しています。物欲に左右された先生のことや、子どもそっちのけのマージャンなど、快楽主義に奔走した先生も……。

先生にとって、一クラスは五十人前後と、ソフト面ハード面も不十分極まりない、大変な状況での教育であったと思い返しています。

先生方は、日々多忙そのものであったに違いありません。そんな先生方の心身両面を、奮い起たせる唯一のものは、「絶えず見え隠れする子どもたちの姿が眼前にあったから」と当時の先生方はおっしゃいます。

子どもたちは、先生を慕い、信じ、尊敬し……朝早くから暗くなるまで、姿を追い求めたものです。

そんな子どもたちを見て、保護者も地域も「おらが街の学校」と意識し、誇りすら抱いていたようにも思います。

今そのような状況に近づける努力をされ、効果を生じさせている地域もあるようです。

どこの学校に行くかの選択制度は導入されつつありますが、どの先生を選んでということはできないのが現実です。子どもにとって、義務教育期間の先生との出会いで受ける影響は大きいと考えられます。

義務教育終了後の高校生活、その後の人生設計にもかなりの影響をもたらし、場合によっては、登校ままならずや不本意高校入学、ドロップアウト……そして暴走行為仲間とのつきあいなどへも発展しかねません。

子どもたちの置かれた現実を直視し、問題点や課題を明確にしなくてはいけないのです。

間違っても、相互の責任転嫁にならないことを肝に銘じて、学校・保護者（家庭）・地域・行政など、あらゆる機関の連携で、問題の払拭に向けて行動できるギリギリの時期だと思います。

二　教育現場への文明の利器導入の功罪について

社会の変化に伴って、情報処理能力の向上と効率化を唄い文句に導入された多くの機器（インターネット、パソコンなど）の活用による弊害は生じてはいないでしょうか。

国際化教育や情報通信教育などを否定はするものではありませんが、それらの基礎ともいうべき、失ってはならない、わが国教育が大切にしてきた「人と人のつながり」を、疎かにしたり、失ったりしてはいないでしょうか。

人間が人間として、認めあい、尊敬しあい、協力しあえるなど、社会の担い手作りの基本的要素が、遥か彼方へ追いやられてはいないか不安です。

生命の尊厳や相互扶助、協調心などの必要性については、クローズアップされる兆しは現われ初めてはいますが、早急に具体策を講じないと、悲惨なことにはならないでしょうか。

人間社会で大切にされるべきものは、思考力育成のための教育ではないかと思うのです。

何十年前かに描かれた空想マンガや映画に登場する宇宙人は、生命をとても大切に扱うシーンが、頻繁にあったように思います。それに比して、最近の無差別とも思えるような、残忍なシーンは何を示しているのでしょう。

人が人との結びつきで成長することを軽視し、営利追及と効率化などを求めている社会の影響が作用していると考えるのは間違っているでしょうか。

それらを是正するのが、教育の力だと思います。とりわけ、家庭と学校教育の果たすべき役割は大きく、責任を伴っています。

そのことに、先生方は、プライドと情熱と勇気と行動力をもって、日々あたって欲しいと思います。

一方で、教育行政や管理職は、一人ひとりの先生を信じ、ゆとりある教育現場をつくり、目標の実現について責任を明確にする必要があります。

わが国の社会の現状のままに従う大きな流れがあり、その上に教育行政の施策を組立て、適応させようとし、無理が生じてはいないでしょうか。

国も地方社会も家庭も学校も、そんな大きな流れに押し流されたり、溺れたりする傾向はないのでしょうか。

家庭・社会・学校で、見つけ出し果たさなくてはならない役割と具体策が、早急に求められてもよいと思うのです。

機器を駆使する能力を高めることに、多くの時間と経費と精神的負担を、教員個々に強いている現実はないでしょうか。

県立学校の場合は、職員一人に一台のパソコン導入が叫ばれ、短期間で実現されるとの教育委員会発表がありました。

勢いよく、華々しく打ち上げられたアドバルーンも、平成十五年から鈍化し、進捗率は五十パーセント程度ではないかと察せられます。

市町村の義務教育現場は、一体どんな状況でしょうか。公費による設置など、遥か先のことになりそうです。

教員の個人負担による購入で持込み、しかも、年々変化する機器の買い替えなどに伴う経費負担など、混迷状況の正確な把握と早急な対策が必要です。

悲劇であるのは、機器導入によりバラ色の教育現場が到来と聞かされ、信じ込まされ続けてきた子どもたちや保護者たちではないでしょうか。

教員も機器活用の情報処理能力に卓越すべく日夜努力をし、高評価を受ける者とその反対の者との二分化現象が生じてはいないでしょうか。

高評価職員の発言権が拡大したり、管理職候補として自他ともに認めたような雰囲気は生まれていないでしょうか。

管理職や行政にとっては、机上作成の素晴らしい計画書や報告書やデータは好都合であるようです。それが公表に使われる場合も結構あるように察せられます。

実態に則してない、難のありそうな計画書やデータの提示で、子どもたちの教育が良くなることはあり得ません。現実の子どもたちがもつ諸々の課題や問題点、子育ての上での悲劇などに、どこで、どう結びついているのでしょう。

目の前にいる子どもたちの教育に、どれ程プラスに作用をしたかなどについて、疑問は生じないのでしょうか。

出勤直後にスイッチオンし、時間があれば画面に向かい、血の通った子どもたちの姿は見えていないような教育現場であってほしくはないのです。

子どもたちの「先生！　〇〇して遊ぼう！」を無視した上に成り立ってはいないことを期待します。週に二日程度の機器不使用日の設定をしてみてはいかがでしょうか。

先生方の多くは、現実の教育の不十分さについてよくご承知で、どうすれば子どもたちの状況が、よりよい方向になるかなど念頭にお持ちのことでしょう。

それらの思いを「本当の是正改革の条件に加えよ！」と、声を大にして叫びたい思いであろうと推察もします。

しかし、行動に移すことへの勇気と自信と結束力に弱さが……裏返せば、ここ数年来の管理統制強化と教員組織への分断施策が効を奏したことになるのでしょうか。

先生方へのせめてもの期待は「教育の担い手としての魂まで売り渡さないで！」ということです。そして、早い時期に魂の叫びと燃え盛る炎のごとき実践を切望しています。

現実を直視する能力と実行力に弱さがありそうな管理職（校長）と場当たり的施策に終始しているような行政が、しっかりスクラムを組んでいる現実に期待するよりも、教育の最前線の実行者たる先生方に期待をしてみたいのです。

「学校以外（学習塾や家庭教師）に教科学習や精神的アプローチの場があり、それによって学校は辛うじて維持できているのではないだろうか」と言われることを、完全否定できるでしょうか。

三　心から現状の職務に満足されていますか？

勤務評価に気をとられ、資料作成に追われ、心身両面にゆとりがなく、さらに休暇中の研修、厳しい自己責任の追及など、日に日に教員の勤務実態は、大変になっているように思われます。

先生の本音はどうなのでしょう。具体的にどうあったら、子どもたちの心を掴みながら、子どもたちを大切にした、いい人生の出会いができるのでしょう。

確かに、生徒の状況も変化し、難しさを伴ってきてはいますが、彼らは素晴らしい人生設計に挑む可能性をもっているのです。

また、保護者の生活様式・意識なども多様化し、家庭での教育力も社会の教育力も減退したと言われることは否めません。多く共通していることは、自分勝手・無責任の横行のようです。

その無責任の仲間に、学校がどっぷりと浸かり切っていたなら、生徒たちは何を拠り所に、将来への思いを巡らせ、努力したらいいのかわかるはずもありません。

学力の差はあるにせよ、そのことが人間としての評価の総てではないはずであるのに、そこで止まってしまっている現実があるように思えます。

表面的な「頑張れ！　頑張れ！」では生徒にとって説得力もないし、生徒の努力も期待はできません。

学校職員の大きな責任のひとつに、生徒（場合によっては保護者も）の精神的な面への「かかわり」と「人生設計への諸々の示唆」があるように思います。

子どもたちとの出会いを大切にする中でこそ、その能力や素晴らしい特性の伸長が期待できるでしょう。

子どもたちが登校し下校するまでの間、教員にいろんな意味をこめて送る眼差しを、直視されているでしょうか。

ただ気にされながらの務めで、そんな状況が、果てしなく長く続くような状態からは、教員の生き生きとした姿を、子どもたちに提供することはできません。

大人だって、大きな人間社会の流れの中で、「無視されている」という思いしかできない状況にあったなら……と想像してみてください。

「煩わしさがなくて、少しも不都合はない！」などと、言い切れるでしょうか。大人は飲酒などの方法により、一時的にはやり過ごすことも可能でしょう。
しかし、社会に現れる問題の多くが、孤立感の問題を抱えていると分析されるようです
し、今後その傾向は強くなるのではと懸念もされます。

大人になって急に問題を抱えるよりも、成長過程の人との関係の在りようが蓄積され
た、その結果の現れと考えられてもいます。
そう考えると、家庭・学校・地域社会などでの、教育の果たすべき大きな役割と責任に
辿り着くことになります。
学校教育の担い果たす部分は、とても大きいのです。最前線の先生方に、期待がかかる
ことになります。
その先生方が、心身共に疲労の極限に陥ることなく、充分に子どもたちに携わることが
できる条件を整備しなくてはなりません。

四　変遷する教育行政の施策について

　ここ数年の教育施策の目まぐるしい変わり方に、現場の先生方の多くは戸惑い、教育とは誰のために何をなすべきなんだろうと悩まれるそうです。

　その幾例かをあげますと、「地域に開放された信頼される特色ある学校作り」「ゆとり教育のすすめ」「総合的学習時間の活用による生きる力の育成」「ことばの教育・朝の読書教育のすすめ」「食の教育への指示」「職業教育のすすめ」「学校五日制導入の評価」「二学期制」「通学区撤廃による学校選択制度」「全国一斉学力テストの導入」「人事評価システムの導入」などなどです。五日制の導入については、学力低下に対する不安の声も聞かれます。

　さらには市町村教育委員会や学校独自のスローガンや項目が加わり、先生方は益々混迷の度を深めていると言われています。

＊「一斉学力テスト」では、これまでの各都道府県や市町村の調査によって、大方の実態は把握されているようです。それによって、学校の序列もかなりはっきりし、それが教育現場にマイナスの作用を及ぼしている部分もあるように思われます。

さらに、全国規模で序列をつけるようになると、その目的はどこにあって、子どもたちへの教育をどう変えようというのでしょうか。

結果的に、学校の経営責任者たる校長の評価に直結し、人事に影響するのではないかと思われます。成果を挙げなくてはならない校長の責任が問われる反面、個々の先生は萎縮し、受身の教育になってしまいそうです。

数少ないと思いたいことですが、市販の学力テストや調査に類するものなどを入手するか、前回実施のものなどを用意し、事前に、子どもたちにやらせてみるといったようなことは起こらないでしょうか。

文部科学省は、子どもたちの競争意欲の増進と学校間の競争促進といった利点を掲げているようですが、四～五科目の試験であることを見れば、全人的教育の視点から遊離しているのではとの懸念がないとも言えません。どんな力を子どもたちにつけさせようとしているのかが、今ひとつ判然としません。子どもたちの学力は、子どもや先生の意欲や力量、教育課程、一クラスの人員、保護者の経済力、地域の教育力など、様々な要素が絡み合っていると思われます。

点数至上主義になりかねないし、中央集権の教育行政にもなりかねないように思えます。文部科学省という権力を振りかざし、教育現場の先生方の創意工夫に充ちた地道な取り組みを潰してはならないと思います。

＊「地域に開放した信頼される特色ある学校作り」は、地域の教育力や人材の活用などによって、閉鎖的であった学校を開放的なものにし、特色ある信頼される場所にすることであったと思われます。果たして、学校は、ねらい通りに開放され、透明度も高くなったと地域の方々は思っているでしょうか。

研究指定校とし、公開研究授業による学校開放などに、主たる視点を置いたものになってはいないでしょうか。指定校になることは、教育委員会の高い評価につながるからではありませんか。

莫大な時間を費やす公開研究授業は必要なこととは思いますが、子どもたちの教育にプラスの作用をしているとは思えない面があります。

当日の来賓や講評者・助言者となる教育委員会の職員は、前もって決めたパターンに沿うような表現で「高い評価」を与える傾向がうかがえます。

一例ですが「道徳教育の指定校」になると、加配の先生が原則二年間配属されるようです。公開研究授業の学年やクラスを決定し、再三に及ぶ指導案作成などの会議や研修会が設定され、多くの時間が必要とされます。

それでなくても、日常的に報告書や資料作成などに追われていて、子どもたちの要望や期待に応えるだけの余裕が無い、という現場の先生方の悩みが聞こえてきそうです。

普段の、子どもたちと先生のいつもの授業などを、保護者や地域の方々などを中心に公開することに、もっと精力的に取り組んで頂きたいと思います。それが子どもたちの元気ややる気や自信などにつながるものと確信します。

かつて先生方は、自主的な研究授業や発表を休暇中などに実施し、意のある多くの先生方にプラスの作用をしていました。少なくとも、いまのそれよりは、活力ある・迫力ある・創造性に充ちた・主体的なものであったと思われます。

地域と連携し、子どもたちの教育上の課題や問題点克服の手立てを模索したり、実践への協力態勢作りなどを行うことが「真の学校開放」になると思うのです。

＊「学校五日制導入」については、官公庁の週五日勤務体制からスタートし、教育現場へは平成十四年（二〇〇二年）に、ゆとり教育の必要性などという視点から、多くの不安材

料を挙げられる中で、導入されました。
二、三年経過したとき、導入前の不安や指摘などが的中し、その中でも学力の低下を引き起こしたことが社会問題のように大きく取上げられました。
これに対する手立ての一つとして、二学期制導入が取り沙汰され、高等学校からはじまり、小中学校へも拡がっています。

子どもたちの授業時間数の確保と、子どもたちと先生が向き合う時間の確保を実現し、きめ細かな教育を展開することができるとして、文部科学省や教育委員会は、二学期制を高く評価し、現在も推奨しています。

ゆとりある教育の模索として週休二日を導入し、教育現場や地域社会は、その取り組みの最中であるにも関わらず、実施数年で、施策が間違いであったかのような評価をし、二学期制の導入に結びつけようとしているかに見えます。


「総合的学習による生きる力の育成」も、多くの課題克服の手立てとして、地域と結びついた、地域の人材活用も視野に入れた、開かれ信頼される学校作りの実現のために打ち出されたものだったはずです。

それぞれについて、なぜできなかったのか、どこに支障があったのか、どう克服したらいいのか……などについて明らかにはされていないように思います。施策を打ち出し、とりあえず移行してみて……成果が見えないとか課題や問題点が出たら、次の施策に移る——猫の目的手法に思えてしまいます。

年間の授業数が千時間を越えたとか、千百時間確保したとかで、子どもたちの実態がどうであったか、どう生き生きしていたかは大した問題ともされず、扱われていないのではないでしょうか。

年間の目標授業時間数については、教育委員会から強い指示や通達があるようで、それをクリアーできない場合は、管理職へきついお達しが出たり、場合によっては人事異動の対象にされることもあるのでしょうか。

教育は、短期間での成果を出そうと焦ったりするのでなく、もっとじっくり腰を据えた、経費をかけた、計画性ある、実現性ある、そして夢を抱けるような、中期・長期の施策であることを願っています。

その他、「ことばの教育の重要性」「朝の読書のすすめ」「食の教育の大切さ」なども唱えられていますが、これらは新しいものではなく、ずっと大切にされ続けてきたものではないでしょうか。

それが、効果的になっていなかったとすれば、その原因の分析と克服への具体策が提示されて当然と思うのです。

＊「学校選択制度（高等学校の通学区域廃止）」については、子どもたちや保護者の学校選択が自由にできて、素晴らしい将来への約束ができたかのように思われる面もありそうですが、これまでの「地域の子どもは地域の学校で、地域との連携で信頼される特色ある学校作りを」……などのかけ声に反するのではないでしょうか。

また「自己目標設定と自己評価及び人事評価システム導入」については、先生方が、教育委員会や管理職などから管理統制され過ぎる傾向にあれば、戦々恐々の思いで教育にあたることにはならないでしょうか。

そんな状況からは、本来の意図である「真の学校教育の是正及び改革」は懸け離れた結果になるように思われます。

諸々のスローガンや目標設定は結構ですが、目前の課題を克服する明確な方向づけと人的予算的措置などを講じることが最優先されるべきではないでしょうか。

課題を先送りしたり、一貫性に欠ける目標設定などは、現場をやたらと混乱させ、先生方を心身共に疲れさせる以外の何ものでもないように思います。

設定されたスローガンへの取り組みが弱いと評価されると、校長と個々の先生への責任追及がされるようです。

人事異動に際して遠隔地交流や適材適所人事という名目で、山間部や島嶼部の小学校に配置替えされるなど、報復的な人事などに結びついているとも言われています。たいていの校長は、そうならないよう、いろいろ苦心もされるようです。

また一方で、水を得た魚のように、理論的裏付けの下で、生々とした情熱と実践を、定年（一般的に、同一校二〜三年勤務であるようですが）まで繰り広げられる校長に出会うことがあります。転勤することを念頭に勤務される校長と異なり、子どもたちや地域住民から絶大なる信頼を得ることは必至です。そんな校長が、県内各所の学校で勤務される日が訪れることを願っています。

五　いま何を中心に据えますか？

管理職や教育委員会の顔色を窺う指示待ち人間にならず……「生きる力」を育てることが大切である――と最近よく耳にする言葉ですが、教育現場の実際からみて、実現は程遠いと思われるようにも見えます。

教科書中心の教育や理性・合理主義を育てようとするにとどまらず、感性・心を育む教育を基本に据えた教育を全職員で行って欲しいものです。

その教育の核になるものは「豊かな人間性の育成」であり、職員一人ひとりが「教育理念の見直し」から出発しなくてはならないでしょう。

「心の教育」の重要さについては、子どもたちとの人間関係構築の視点を正面に捉え直すことが基本になると思われます。例えば、小さなことかもしれませんが、学校教育の総ての場面で、生徒の行為を顕彰するといったようなことです。生徒の成就感ややる気を育て、お互いを評価し合い、自己を高める意欲と実践へ導くことになるのではないでしょうか。

また、賞めることに止まらず、一方では指導の徹底を生徒の肝に命じさせる教育も必要です。何が処分に値するかについても、徹底的に理解させることだと思います。

そんな教育実践が生徒の「心を育み、意欲ある人間を育てる」ことになると考えます。

責任転嫁や放棄は許されないことであり、今だからこそ、「叱り・賞める学校教育」を目標に、教員の相互指摘などを積み重ねながら「よく叱り、よく賞める、素晴らしい教員」になる実践を開始すべきでしょう。

そのことが、教員の主導性発揮であり、現状の、あたかもたましいの入らない「能面のごとき教員集団」から脱皮できることになるのであり、生き生きとした子どもたちを育て将来への自信や勇気を抱かせることになると思うのです。

「かかわりもせず・賞めもせず・叱りもせず」の教員は、生徒・保護者にとっては「たましいの入らない能面のごとき教師」でしかないのです。

人間と人間との生き様のぶつかり合いを日常的に反復することにこそ、教育の出発点があるのではないでしょうか。

主要教科に時間を費やすことで、学校教育の使命を果たしているなどといった旧態依然の考え方は通用しません。音楽を演奏し、古今の作品を鑑賞し、思考をする。美術に関しても同じ営みを反復する。また、読書や人生体験談など講話を聞くことも心の栄養になるのです。子どもたちの将来への希望や夢に繋がり、心身の健全育成に大きな意味をもっていると思える音楽の時間数や曲目の削減・削除は、悲しいことです。

いくつかの教科の、時間数削減や内容の削除など、気がかりな施策があります。一見無駄とも、遠まわりとも思えるような学習内容こそが、子どもたちにとって、結果的に大きな力に繋がっていることを再考して欲しいものです。

ボランティア活動や労作活動も、自己課題を見つけ、学び、考えるという日常的態度を培うことになり、結果的には豊かな人間性を育むことになるでしょう。

もちろん、健康な体力を保持することがベースであるのは言うまでもありません。

春夏冬の休暇中の過ごし方を子どもたちにインタビューすると、「明日からハワイへ……」「ずっと塾に……」「……?」「生き生きへ（保護者勤務につき低学年の子どもたちは学校内の教室に通い、一日を過ごす）」などが返ってきます。

この変遷には、驚きとともに不安すら抱いてしまいます。以前は「家の手伝い……」「おばあちゃんのところへ……」などがあって、子どもたちの生活実態が幾らかは見えるように思えました。おばあちゃんの家に行けば、普段学校や家庭とは異なった体験をし、幾らかの勤労に役立ち感と成就感などを味わうことなどがあったのではないでしょうか。日ごろの生活習慣とは異なる、あって欲しい、大切にしたい生活について、人生の先輩からの提示や助言も期待されたのではないでしょうか。

ともすると健康教育についての取組みが置き去りにされる傾向が強く、その分野についての専門職員の職務怠慢ではないかと気になります。

「キレル」「ムカツク」の原因は、低血糖症の現象であり、これもまた食生活と睡眠に深く関係しているものです。

こうしたことは数年来、保健部会で話題になっておりますが、「家庭の問題」などという解釈の域を出ず、多くの学校で協議・実践課題として扱われたことは、あまりないように思われます。

夏休みなどの生活体験の中で、このような分野についての思考ができるような立案計画も必要であるように思います。おばあちゃんの家とか、それに類する場所での生活体験です。国際化時代で外国に旅行するのも大切なことかも知れませんが、まず、生き方の基本事項や知恵や術などについて、先人の教えを子どもたち一人ひとりに理解させる営みを期待したいのです。

甲子園を目標にする高校球児のひた向きな姿から、高校野球ファンならずとも、多くの方々がどれ程の心身両面にパワーを授かっていることでしょう。

勝敗は度外視して、私たちが常日頃忘れたり、忘れかけたり、場合によっては、意図的に忘れようとしている「人が人として大切にすべきもの」について、示してくれているようです。

高校球児が切磋琢磨し、人と人との素晴らしい出会いの中で成長するようなことを、多くの子どもたちに期待したいものです。野球に限らず、他のスポーツでも文化的活動でもボランティア活動でも、同様の分野はあるのではないでしょうか。

子どもたちにとって、家庭や保育園、幼稚園、小学校、地域などでの多くの出会いと、そこから受ける総合的な教育力が大切になると思います。

人はときに、生まれながらにして能力的な差があって云々……と言われる場合があるようです。しかし、最初から決まっているのであれば、教育の可能性や素晴らしさや力強さなどについて一喜一憂するなど、空しいことになります。

能力的な違いはあるかも知れません。しかし、例え数パーセントの可能性であったにしても、子どもたちの将来に向けて、総合的な働きかけをするのが学校教育で、これは忘れてはならないことです。

教育や環境の影響は、年齢が低いほど、その効果が現われると言われます。十代に現れる自己嫌悪や自己否定、自暴自棄的言動やドロップアウトによる集団行動などが、ある日突然やってくるものではありません。

子どもたちの澄んだ眼差しによる「先生への訴えかけ」や、勇気を出してぶつかる「直接の言動」への対応の仕方について、分析し問い直し、考え直すなどの必要はないのでしょうか。

不登校やいじめや非行などについて、研修・講演・フォーラムなど、数多く開催されているようで、それなりに評価はできるように思います。

子どもたちの心身両面の問題探しをやったり、保護者・地域社会に原因を求めたり、その結果「子どもの思いを受けとめ、課題などを共有し、家庭や地域や関係機関と連携し……」と、毎年同じようなまとめ方がなされることに、無責任さを感じてしまいます。

「どうして、どこに原因が、だから具体的にどうしよう……」がよく見えてきません。

「忙しい、時間がない、会議だから、疲れているから、出張だから、今度またね……」などの言葉を駆使せざるを得ない、四苦八苦の先生の姿から、子どもたちは、どんな影響を受けているのかと考えてしまいます。

子どもの教育に携われることへの理想を抱き、情熱に燃えて先生になり、「あれっ！あれっ！」と疑問を繰り返し悩みつつ、大きな流れに呑み込まれ、十年経ち十五年経ってしまうようでは、真の教育者とは言えないのではないかと思うのです。

暗黙の了解に近い現状追認がまかり通る教育現場で、ゆとりさえ見失い、犠牲的な日常生活が習慣化し、場合によっては体調を崩し、通院・入院し、やっと復帰し……そしてまた追い掛けられるような枠組みに入り、初めて「教育って何！　先生って何！　これでいいのか！」と自問自答される、真面目そのものの先生の声を聞いたことがあります。

長続きしない、一時的データに一喜一憂するような、教育行政の形式主義や権威付けや統制化からは、子どもたちのための本物の教育は作り得ないでしょう。

教員もひとりの人間です。その教員の人間性否定にもなりかねないような、課題の払拭が優先されるべきです。教員の生活基盤が、心身共に安定した状況にあるからこそ、子どもたちが見え、子どもたちの思いが届き、仲間との共働ができ、創意工夫し、実践が可能となるのです。

そして子どもたちと共に悩み、悲しみ、泣き、笑い、歌い、走り、飛びはね……その出会いの真価が生じることになるようにと思います。

子どもたちは、いろんな出会いからうける総合的な影響の下で、個々の生活目標や術を体得しているようです。

「強くても、弱くても高校野球！」「たかが野球！　されど野球！」と言われますが、実際、「野球を通して高校生活に悔いなし！」と泣きじゃくりながら、敗戦を噛み締める姿は、美しく心を打つものがあります。彼ら仲間の出会いは、終生大切な財産となり、大きな力になり、個々の人生を一生懸命に歩むことに繋がるものとなるでしょう。

スポーツ・文化・ボランティア等々を通して多くの出会いをし「自分を知り、好きになり、目標が見つかり、実現に向けて努力するプロセスを見つけ実践する……」それが子どもたちの素晴らしさです。

私たち、特に親や教育に携わる者は、そのキッカケづくりや精神的なアプローチを忘れないことが肝要です。あえて、強がったり、偏った見せかけの言動をする十代の若者たちは、ギリギリのサインを大人や社会へ発しているように思えるのです。

青少年育成会・問題協議会など、組織的なものはあるようですが、残念ながら効を奏するには到っていないのではないでしょうか。保・幼・小・中・高などの連携や関係機関との連携の必要性については、耳にタコができる程聞かされます。しかし、数パーセントの可能性に賭けてみるだけの施策が見えないようで、関係機関に物申したい思いになってしまいます。

有り難いことに、教員生活を通して、退職してからも、なおも出会うことができる多くの子どもたちから、いろんなパワーをもらっています。これぞ教員冥利に尽きるといえましょう。

六　研修の在り方や生活権保持など、組合の必要性を感じませんか？

既成の枠内にはまった研修から得る内容を、どれ程教育実践に活かすことができるのか疑問です。出席する教員の意識や意欲にも問題があるのかもしれませんが、今一つ、しっくりした内容ではないように思えます。

むしろ教員に意欲さえあれば、社会総てが研修の場であり、内容的にもずっと優れたものがあるように思います。

子どもたちが出会う先生は、家族以外の最初の大人であることを自覚し、教科学力を高める研鑽はもちろんですが、並行して、子どもたちの歓声が湧き上がるような、人間として魅力ある教育力の研鑽にも精出すことが大切でしょう。

年間を通して実施される、もろもろの管制や学校独自の研修に加えて、先生個人が意欲的に研鑽することも必要です。

休暇明けに、その研鑽の結果、子どもたちの歓声を呼び起こす場面があってもいいのではないでしょうか。「いつもきまった先生が、同じような口調で、同じような内容を……」という状況の打破も必要でしょう。

入学してから当分の間、先生に対する子どもたちのイメージは「別世界の大人で、英雄的存在」なのかも知れないのです。先生の一挙手一投足を精一杯直視します。だから、その影響はとても大きいことになります。

その先生が、子どもたちとの出会いや触れ合いから遠ざかり、報告書や提出資料の作成など時間に追われ、睡眠時間を割き、自由な時間も保障されず、心を癒すことのできない疲労蓄積の生活にあるとしたら、大きな問題になります。

先生をそのように追い込んでいる現場では、「教科学力が伸びた！　下がった！」と言ってみても、子どもたちの心をゆさぶり、意欲を喚起することにはならないでしょう。

教員には、勤務年数によって、年休権行使の保障や勤務時間などの規定がされています。学校長には、教員個々の状況をつぶさに把握し、権利の行使と規定された勤務条件を実現させるよう、教育委員会から、必要に応じて指導や指示が出されているようです。

しかし、実際は、県立学校と市町立の小中学校（義務教育）とでは、大きな差異があるのではないでしょうか。

六　研修の在り方や生活権保持など、組合の必要性を感じませんか？

年休権の行使は、学校長の許可が必要ですが、その校長の権限をふりかざしたような、権威づけの雰囲気が横行し、殆どの学校で、教員の年休権行使ができにくくなってはいないでしょうか。

教員の年休権行使の割合が低いことや、夜遅くまで勤務する多くの教員があることを、自慢するかのような校長や教頭は、果たして立派な管理職として評価に値するでしょうか。

そこら辺りの質問に対しては、口頭で、「勤務が終了したら、できるだけ早くお帰りください」とか「年休は年内に消化されるようにと、教員には伝えている」となるようです。

年休権行使ができにくい原因として、それなりの雰囲気や事情があるかと見受けます。日常の仕事量に加え、研究指定による、いろんな資料作成や報告など、増加の一途ではないでしょうか。

それとも、教育委員会（本庁も含めて）は、そんな管理職に対して、高い評価をし、人事異動の際の大きな材料にされているのでしょうか。

教員の生活権を保障する視点の欠落した管理職に、末長い、本当の教育の創造や実践の期待はできるでしょうか。

校長によって差異はあり、地域によっても差異は当然あるようですが、余りにも、現場は、個々の教員に負担を強いてはいないでしょうか。

そんな状況では、真のやる気や自信や誇りや心身の安定などは抹殺され、「しょうがないわい……」の、我慢の上に我慢をせざるを得ない、喜怒哀楽の表情すら消えたような教員が存在することになるのです。

誰一人そのことについて、意見も言えないような雰囲気が張り付いてしまっているような事態は、早急に払拭しなくてはなりません。それが管理職の大切な責務でもあります。

職員研修なども、現場の教員の勤務実態を心身両面から把握し、それこそ、ゆとりある、場合によってはリフレッシュの意味をも含んだ、独創的で自主的なものであっていいのではあるまいかと思うのです。

仕方なしにとか、推薦とか、職命とかでなく、自主的に、競って参加する先生のプロ魂は枯れてはいないのです。英断を行政が下されることを希望します。

そんなふうに考えると、教員組合と教育行政との正常な関係が、成り立たなくなっているように思えます。生活権や勤務条件などについてすら、主張がしにくい現場では、生きた教育は疑わしくなります。

安上がり教育の打開策にむけて、今こそ行動する必要はないのでしょうか。たとえば義務教育の現場で不足している先生の数をふやすこともその一つです。安上がりと効率を求める施策だけでは、教育の実を挙げることは不可能です。

現状の定数法（在籍児童・生徒数で教員数が決まる）に束縛されることなく、小学校は現状の一・五倍の、中学校では一・三倍の先生の確保を期待したい思いです。

そうなれば、情報処理や計画書など文書作成のスタッフも、在る程度は専任化でき、機能もし、多くの先生は、生き生きと子どもたちと向き合い、大きな教育力になるでしょう。

「今じゃけん、先生がんばって！」には、教員が心身共に、ゆとりある、勇気と元気と誇りの持てる学校にすべく、一致団結する必要をこめております。

六　研修の在り方や生活権保持など、組合の必要性を感じませんか？

七　教育の少子化現象に及ぼす視点について

少子化現象についてはずいぶんと論じられてきたようですが、最近やっと教育の関与について見え出した観があります。

いろんな視点から、国の将来を危ぶむ論議はされてきました。社会意識の変動に捉われてスローガン的な施策に終始するのではなく、家庭・地域・社会・学校などが、総合的な教育の場として実践を展開することが大切です。

大きな社会問題とされる「少子化現象」などに絡めて、生命の尊厳などについての教育が、どれ程展開されてきたのでしょうか。

なされてきたとしたら、それらの多くは、マスコミに氾濫する情報などに翻弄された、本物とは言い難い、机上の空論的なものであったのではないでしょうか。

真の人間尊重や生命の尊厳などが、生活に即したものとなっていたでしょうか？　軽んじられてはいなかったでしょうか？

子どもの教育は、未来への夢を作るものであって欲しい。それについて、大人たちはどれほど本気で考え、悩み、努力してきたのでしょうか。

子育て支援の環境整備とかで「子ども夢プラン」を策定発表されたようです。教育現場には、子どもが夢を実現できる「知・徳・体」の基礎力の定着を図るとのことのようです。その実現には何が最優先されるのかについての考えが曖昧と思えます。

長年実施されてきた、わが国教育の基本的事項を提示されたもので、何も新しいことでなく、当然のことでしょう。教育の課題や問題点が論じられる度に、何度このスローガンを引き合いに出してきたことでしょう。

子どもたちとの人間的コミュニケーションが、充分に実現されて、はじめて可能となるスローガンです。

今の子どもたちは、大人が生きてきた時代よりもずっと悪い条件の時代を、生きていかなくてはならない、と思わないでしょうか。

大人たちが英知と総力を傾けて、未来に希望と夢が持てるように努力をする必要があります。それをせずして、子どもの非行や犯罪など、諸々の現象に、難しさばかりを先行させてはいないでしょうか。

少子化が云々といくら唱えてみても、所詮、大人中心の社会になっているのです。その社会では、子どもたちのできることは、殆ど見つからないようです。「大人になるもの」程度にしか見なされず、中心には置かれてはいないように思えます。

今の子どもたちは、多くのことについての順序やきまりを抜きにして、大人になってはいないでしょうか。

かつては、兄弟・家族・地域などで、いろんな生活の場面を通して、当たり前なこととして、子どもたちは、多くのことを身につけていったように思います。

今日では生活の多くは便利そのものになっていて、その扱いさえ判っていれば事足り、そのことに不自然さも不思議さも問題意識すらも抱いてはいないのではないでしょうか。

子どもたちは無邪気に、失った多くのことを悟らせてもくれているように思います。

そんな、子どもを大切にした、未来への夢を託せる社会の実現を願っています。その実現の一翼を担う教育の在り方について、無関心では居れません。

少し視点が違ってきますが、被爆地である広島県教育と、わが国教育とは一体化されていたはずですが、形骸化、空洞化の実態はないでしょうか。

ここ最近の被爆地広島や広島県やわが国は、平和について子どもたちが平和な社会の担い手の一員になるべく、教育をどう展開しているのでしょう。

「平和教育の風化現象が大きな課題である。能力ある教員が育っていない。早急な手立てが問われている。世界に恥ずかしい実態だ」など、八月が近づくと話題にされます。他府県から、親が広島に転勤して移り住むようになった小学生が、広島で初めての夏休みを迎えました。転校前、当然のこととして、八月六日には広島で平和について考える企画があり、素晴らしい時間が設定されるものと思われたようです。子どもと保護者の期待に、十分に応えるだけの、平和についての教育がなされているのか大きな不安があります。

この件に限らず、人間が人間を貴ぶ教育の展開は、時期的なものでもないし、個々ばらばらの実施でいいのでもなく、それぞれの教育現場の連携などによって、綿密な計画が策定され、長期的な展望の下に、根気強く展開されるべきものでしょう。

生まれてくる生命、人間の存在の不思議さ、尊さやそれに対する畏敬の念など、家族・地域・社会・学校が一体となって、いろんな場面で教育されることが、底流にあるべきであると思います。報道にあるように「人間の生命が途絶えたら、バッテリー・電池・部品を交換すれば甦る」などという考えをもった児童・生徒が、かなりな割合であることなどは、何を意味しているのでしょう。

人間社会はこれ以上に便利さとか効率性などを追及する必要があるのでしょうか。

その辺りをきちんと整理し、運用できる施策を提示し、あらゆる教育現場で、体得的に展開されることを期待します。

鳥取県の赤碕高等学校（平成十七年三月廃校）の高塚人志教諭（保健体育科）は、素晴らしい論理と教育実践で、児童・生徒をはじめ、多くの人たちへ「自分大好き、人間大好き、人間って素晴らしい」を証明されました。

このうねりは必然的に、さらに大きなものになりつつあるように思えます。各地の学校などでの拡がりを期待し、そのことが社会問題となっている少子化現象の歯止めにも繋がるものと確信しています。

おわりに——どうしても言いたいこと！

義務教育での施設・設備の維持管理などは、市町村の業務と言われていますが、財源の不足から教育予算の削減が余儀なくされて久しいのではないでしょうか。十分な教育効果を上げるのに支障すら生じている状況について、行政を含めて、どれ程の人が正確に把握し、声を大にしているでしょう。

市町村の全予算における教育予算の占める割合について、異議を唱えたい一人ですが、「安上がりの教育」は許されません。

先生の個人負担や保護者の負担が強いられて、どうにか教育活動は維持されてはいるようですが、もっと大きな問題が置き去りにされていることに、怖さすら感じています。

文部科学省の通達や県教育委員会の指示などが出されている「校舎などの施設の耐震調査と耐震化策」です。築年数などの基準はあるようですが、明らかに、教育及び地域の緊急非難場所の施設として、相応しくないようなものが平然として使用されている事実があります。莫大な費用を必要とする耐震補強工事や全面建て替えにならなくても、その前の耐震診断（調査）について一応の問題意識があるのなら、放置とも思えるような後回しはできないと思います。

私立の小中学校は、外観上、公立とは雲泥の差のように思えます。施設・設備の状況も一目瞭然と一般的に思われています。

日々子どもたちが通う学校は、安心・安全な場所であることを当然のこととして疑いの念など持ってはいないものです。

ところが、子どもたちが出入りした校舎の上階から、いま花壇に水やりをしたばかりの同じ場所に、数分後、およそ縦横六センチ・長さ二十センチ角のコンクリート壁が数十個落下したり、トイレの便器から大便が溢れ出たり、授業の最中に、天井から雨水と一緒に、コンクリートが落下したり、校舎の渡り廊下の危険防止の柵が腐食し、そこから子どもが階下を覗いたり、体育館の天井がぶら下がったり、掃除中に窓枠ごと外へ落ちたり、雨天に火災報知器が鳴りっ放しになったり……数えきれない程の危険で不安なことがあるようです。

疑ってもみない危険の実態が、公立の小中学校にはあるようで、安心できる早急な改善策はいつになるか明確な答えはないようでした。

安上がり教育の究極がここにあります。だから、心ある保護者は、少々の無理は耐えてでも、私立の学校へ入学させたり、越境の通学をさせたりとなるのだそうです。

市町村の行政の目玉として、教育の支援とか、子育て支援とか、住んで良かったと思える町作りとか、若者が居つく町作りとか……が、首長や議員選挙時に叫ばれますが、全部虚偽なのでしょうか。

高齢者対象の医療や福祉の予算に占める割合と教育のそれをどうしても比較して思ってしまうのです。たとえ話として、おばあさん二人の病院の待合室での会話があります。「長いこと顔を見なんだが、あんたどうしょうたんの？」それに対して「えーえー。風邪をひいて寝てましたもんで。やっとようなりましたんで来ましたんや」とか、病院の外で「ようーさん薬をもらいましてのお。でも、こんなに飲んだら身体に悪いそうですけん。明日のゴミ出しに、これまでの分と一緒にスーパーの袋に入れて出しますわい」。それを聞いたもう一人が「わしだけがしょうるんかと思うたが、あんたもでしたかいのお」。

そんなお年寄りたちが、通院に代わって、孫の通う学校へ日常的に行くことができたら、そして、子どもたちの元気な姿を見、一緒に何かができるとしたら、もっともっとお年寄りたちは、生き甲斐を見つけ出し、生活に張りも生まれてくるように思います。

そこでは、お互いの安心感といろんな意味での存在感や役立ち感を体験できることにもなります。それこそが、二十一世紀の目標にすべき、自然な学校の在り方のように思われます。

少子化に伴って、多くの学校で、活用できる教室は確保できるのではありませんか。その教室を「地域住民の集える部屋」とか「子どもたちと触れ合う部屋」とか……考えてみると楽しくなりませんか。

「病院通いの代わりに学校通い」の高齢者が続出するかも知れません。そんな風に考えると、教育への経費削減などは到底容認できないことになるでしょう。

選挙のための行政施策から、将来の街作りに必要不可欠な教育に時間と経費をかける施策に移行して欲しいのです。そのことが、地域の希望になり、エネルギーになると信じます。

要は、子どもたちが、生き生きと通う学校は、最も安全な施設でなくてはならないということです。そのことが自慢できるような行政施策が展開される市町村で生活できたらうれしい限りです。

（平成十七年六月六日）

あとがき

楽しくて……、苦しくて……、でもやり甲斐があり……少しの充足感と多くの反省を抱きつつ、教育現場から退きました。

改めて自分の生きざまについて振りかえってみたい思いになり、実におおざっぱな思いを巡らせ、記述してみました。

随分と多くの子どもや保護者や地域住民や関係者との出会いがあったことに驚いていま す。そして、有形無形の支援を受けたことなどに対して、感謝の念を強くしています。

出会いが人生への大きな影響を与え、力強いエネルギーになることについても実感しました。そんな出会いの中での高校以来の友人であり人生の宝となった森田鉄工所社長の森田正輝氏をはじめ、お世話になった方々への報告の意味での記述だったのです。

お礼と報告の意図で社長室訪問をし、支離滅裂の羅列的記載のコピー用紙をお渡ししたことから、同郷同級生だった溪水社の木村逸司さんを悩ませ、刊行になるなどと望外の運びになりました。とても大げさで恥ずかしいことになってしまい申し訳なく思っています。

あれもこれもいろんなことが浮かんできて、とりとめのつかないような思いにもなりました。すべて人との出会いの中での記憶でした。

その出会いの中で、鮮明に脳裏に刻まれた個々の子どもたちや保護者の方々や職員の方々や関係機関の方々についても、昨日のことであったかのような思いをしています。すべてを記述してみたいとの思いもありましたが、大切に胸中に納めておこうと考えています。

世の中いろんなことが目まぐるしく繰り返されていて、麻痺に近い状況のようにすら思える昨今ではないでしょうか。そんな中で、唯一無比の共通の夢であり願いは、あの清んだ瞳の子どもたちの健やかな成長です。

懐古趣味的思考だけではなく、伝統と権威と実績あるわが国本来の、子どもたちへのすべてが関与した教育力の再構築を願っています。

教育行政や教育関係者はもちろんのこと、関係するすべての分野の人々がこうなった現実を事実のままに認め、真摯な熟考をされることを期待したいものです。

表面的ではあるかも知れませんが、これだけ豊かになったと言われる昨今ですから、人間社会はもっと素朴で、簡素な状況でありたいという夢を追ってもいい時期ではないのかと思ってしまうのです。教育現場での先生方の英知と勇気ある実行力と惜しまぬ行政の支援を期待したいと思うのです。

子どもたちの成長に僅かでもプラスになることを探しつつ、小さな実践ができたら幸いです。

改めて刊行に際しまして物心両面で支援いただいた森田正輝氏・中下壽雄氏・木村逸司氏に心よりお礼申し上げます。

著　者

著者　池本　光博（いけもと　みつひろ）

（生年月日）

昭和17年6月6日生　広島県呉市川尻町小用（旧賀茂郡安登村字小用）

（学歴）

安登村立安登小中学校卒業・広島県立広高等学校卒業・広島大学教育学部卒業・広島大学教育学部専攻科入学中退

（職歴）

北海道立足寄高等学校・北海道奥尻郡奥尻中学校・広島県立音戸高等学校・広島県立竹原高等学校・広島県立広高等学校・広島県立忠海高等学校・広島県立音戸高等学校・広島県立三原養護学校・広島県立音戸高等学校・広島県立大竹高等学校（定年退職）・大竹市教育委員会教育長1年4ケ月で辞職

（現住所）

東広島市西条町上寺家573－14

イレギュラー教員と言われて

2006年6月15日　発　行

著　者　池　本　光　博

発行所　株式会社　溪水社

広島市中区小町1－4（〒730-0041）

電　話（082）246－7909

FAX（082）246－7876

E-mail：info@keisui.co.jp

ISBN4-87440-927-X　C0095